Mein Weihnachtliches Nähzimmer

Dekorationen und Geschenke

Gudrun Schmitt

Mein weihnachtliches Nähzimmer

Dekorationen und Geschenke

Die wirklich wunderbare WEIHNACHTSWERKSTATT

VORWORT

Für passionierte Näherinnen ist die Winter- und Weihnachtszeit die schönste Zeit des Jahres. Denn es macht so viel Freude, das Zuhause mit selbstgenähten Dekorationen festlich zu schmücken und für die Liebsten individuelle Geschenke anzufertigen.
Die dekorativen und praktischen Näharbeiten, die ich Ihnen auf den folgenden Seiten zeigen möchte, habe ich mit viel Hingabe und Liebe zum Detail entworfen. Für die festlich geschmückte Fensterbank, die Festtafel, den Baum – einfach für jede Ecke Ihres Heims finden Sie hier wunderschöne Ideen. Diese werden Sie bestimmt über mehrere Jahre nutzen und so eine schöne Tradition schaffen.
Auch wenn Sie auf der Suche nach ganz besonderen Geschenkideen sind, werden Sie hier fündig. Für Groß und Klein sowie für viel oder wenig Nähzeit habe ich mir Modelle einfallen lassen, mit denen Sie Freude schenken werden.

Ich wünsche Ihnen eine wunderbare Vorweihnachtszeit mit viel Freude am Nähen und Dekorieren!

Gudrun Schmitt

Die Plottermotive für Seite 20 stehen in Ihrer Digitalen Bibliothek unter **www.topp-kreativ.de/digibib** nach erfolgter Registrierung zum Ausdrucken bereit.
Den Freischalte-Code finden Sie im Impressum.

Edel in Grau

beste Aussichten beim Festessen

TISCHSET

SCHWIERIGKEITS-GRAD 2

GRÖSSE
45 cm x 30 cm

MATERIAL FÜR EIN SET

- Wollfilz in Grau meliert, 3 mm dick, 45 cm x 30 cm
- Baumwollstoffreste in Mittelgrün mit Punkten (A), in Hellgrün mit Punkten (B), in Creme mit roten Sternen (C), in Weinrot mit Punkten (D), in Beige/Weiß gestreift (E), in Beige/Braun mit kleinen Punkten (F), in Braun/Weiß mit Punkten (G), in Grau mit weißen Sternen (H), in Grau/Weiß mit Streifen (I) und in Grau/Weiß mit Punkten (J)
- Rest Teddyfleece in Natur (K)
- Stickgarn oder dünne Wolle in Weiß
- Vliesofix, 25 cm x 20 cm
- Rest SnapPap Plus in Hellbraun
- Motivstanzer „Stern", ø 1,5 cm
- Trickmarker

SCHNITTMUSTER-BOGEN 2B

Tischset

1 Die Unterlage aus Wollfilz zuschneiden.

2 Das Vliesofix mit der Papierseite nach oben über die Vorlagen legen und die Teile aufzeichnen, hierfür sind die Vorlagen bereits gespiegelt. Die beiden Fenster dicht nebeneinander aufzeichnen. Vliesofixteile grob ausschneiden und auf die linken Seiten der entsprechenden Stoffe bügeln. Dann alle Teile exakt ausschneiden.

3 Zuerst das Haus und anschließend alle anderen Teile aufbügeln. Die Linien zum Nachsticken mit einem Trickmarker anzeichnen. Alle Teile, wie auf dem Foto zu sehen oder nach Belieben, mit einem Zickzackstich oder einem Geradstich aufsteppen.

4 Mit dem weißen Garn einige Schneeflocken aufsticken, dabei Fadenanfang und -ende gut verknoten.

5 Aus SnapPap ein Rechteck à 8 cm x 2 cm zuschneiden und die Ecken etwas abrunden. Das Label mittig knicken, dann auf der einen Hälfte mit dem Motivstanzer einen Stern ausstanzen. Das Label auf der linken Seite des Tischsets im unteren Bereich um die Kante legen und knappkantig aufnähen.

STOFFSERVIETTEN

SCHWIERIGKEITS-GRAD 2

GRÖSSE
40 cm x 40 cm

MATERIAL
- Stoffserviette in Weiß, 40 cm x 40 cm
- Baumwollstoffreste in Mittelgrün mit Punkten (A), in Creme mit roten Sternen (B), in Beige mit braunen Punkten (C), in Creme mit beigen Streifen (D), in Weinrot mit Punkten (E) und in Grau/Weiß gestreift (F)
- Rest Teddyfleece in Natur (G)
- Vliesofix, 15 cm x 20 cm

SCHNITTMUSTER-BOGEN 2B

Stoffservietten

1 Das Vliesofix mit der Papierseite nach oben über die Vorlagen legen und die Teile aufzeichnen, hierfür sind die Vorlagen bereits gespiegelt. Die beiden Fenster dicht nebeneinander aufzeichnen. Vliesofixteile grob ausschneiden und auf die linken Seiten der entsprechenden Stoffe bügeln. Dann alle Teile exakt ausschneiden. Zuerst das Haus und anschließend alle anderen Teile aufbügeln. Die Linien zum Nachsticken mit einem Trickmarker anzeichnen.

2 Alle Teile, wie auf dem Foto zu sehen oder nach Belieben, mit einem Zickzack- oder Geradstich aufsteppen, die Linien und Schleifen mit einem Dreifachstich aufsticken.

Für Sternenliebhaber

Untersetzer und Bestecktaschen

UNTERSETZER

SCHWIERIGKEITS-GRAD 1

GRÖSSE
Durchmesser 13 cm

MATERIAL FÜR 2 UNTERSETZER

- Wollfilz in Grau meliert, 3 mm dick, 25 cm x 15 cm
- SnapPap effect in Gold, 20 cm x 12 cm
- SnapPap Plus in Hellbraun, 8 cm x 16 cm
- SnapPap in Dunkelbraun, 10 cm x 20 cm
- Lochzange
- Stylefix

SCHNITTMUSTER-BOGEN 2B

Untersetzer

1 Das Sechseck zweimal aus Wollfilz, den Kreis zweimal aus SnapPap in Gold, den großen Stern zweimal aus SnapPap in Dunkelbraun und den kleinen Stern zweimal aus SnapPap Plus in Hellbraun, zuschneiden.

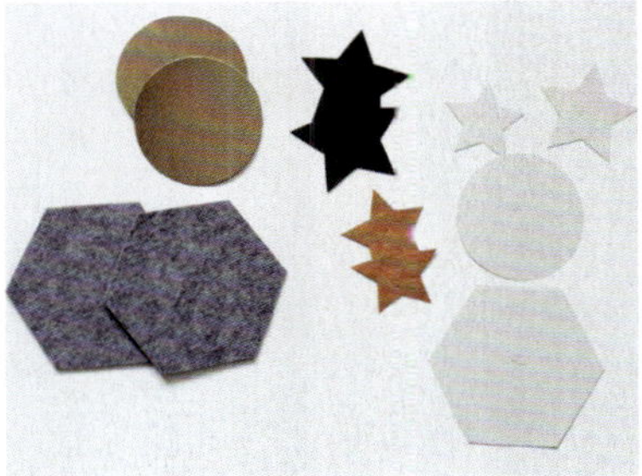

2 Die Lochzange auf einen Lochdurchmesser von 0,3 cm einstellen und in die Kreise jeweils gleichmäßig verteilt einige Löcher leicht andrücken, und zwar so, dass nur die Umrisse zu sehen, die Löcher aber nicht komplett ausgestanzt sind.

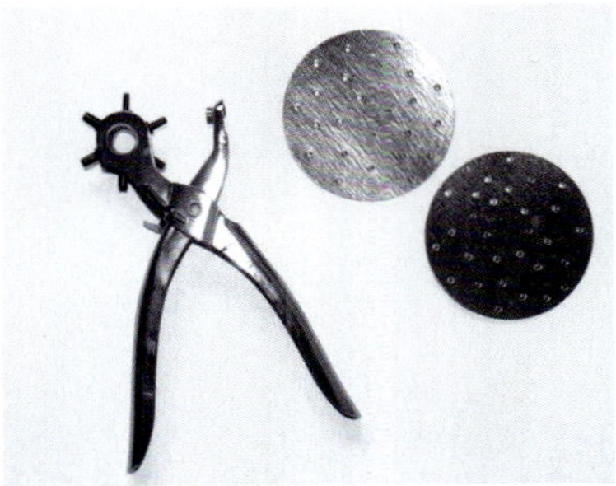

3 Mit Stylefix jeweils zuerst den Kreis und dann die beiden Sterne mittig auf dem Sechseck befestigen. Alle Teile mit brauner Nähseide knappkantig aufnähen. Zusätzlich auch das Sechseck rundum knappkantig absteppen.

BESTECKTASCHEN

SCHWIERIGKEITS-GRAD 1

GRÖSSE
ca. 28 cm x 11 cm

MATERIAL FÜR 2 BESTECKTASCHEN

- Wollfilz in Grau meliert, 3 mm dick, 25 cm x 30 cm
- SnapPap effect in Gold, 25 cm x 25 cm
- SnapPap Plus in Hellbraun, 25 cm x 30 cm
- SnapPap in Weiß, 25 cm x 12 cm
- SnapPap in Dunkelbraun, 25 cm x 10 cm
- Lochzange
- Stylefix
- Stoffklammern

SCHNITTMUSTER-BOGEN 2B

MEIN TIPP FÜR SIE

Sie können die Farben der Bestecktaschen und Untersetzer passend zu Ihrer Tischdeko gestalten und zusätzlich Zweige oder ein kleines Geschenk in die Taschen stecken.

Bestecktaschen

1 Den Untergrund 1 zweimal aus Wollfilz, den Untergrund 2 zweimal aus SnapPap effect in Gold, die Tasche und den kleinen Stern je zweimal aus SnapPap Plus in Hellbraun, den Kreis zweimal aus SnapPap in Weiß und den großen Stern zweimal aus SnapPap in Dunkelbraun zuschneiden.
Mit Stylefix jeweils zuerst den Kreis und dann die beiden Sterne auf der Tasche befestigen, wie im Schnitt und auf dem Foto zu sehen. Alle Teile mit brauner Nähseide knappkantig aufnähen.

2 Die Lochzange auf einen Lochdurchmesser von 0,3 cm einstellen und am Untergrund 2 in Gold jeweils in den oberen, gewellten Rand bis ca. 8 cm unterhalb der Kante gleichmäßig verteilt einige Löcher leicht andrücken, und zwar so, dass nur die Umrisse zu sehen, die Löcher aber nicht komplett ausgestanzt sind.

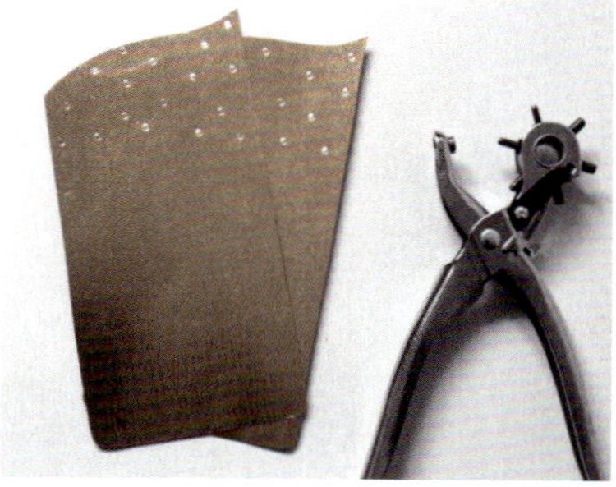

3 Jetzt alle Teile passgenau aufeinanderlegen, zuerst das Filzstück, dann den Untergrund 2 in Gold und zum Schluss die Tasche mit dem aufgenähten Sternenmuster, dabei zeigt jeweils die rechte Seite der Teile nach oben. Alles mit Stoffklammern fixieren und rundum knappkantig mit brauner Nähseide absteppen.

Kerzenständer

für eine edle Tischdeko

1 Aus jedem Stoff und aus dem Volumenvlies je zwölf Quadrate à 11,5 cm x 11,5 cm zuschneiden. Die Volumenvliesteile auf die linken Seiten der Quadrate aus Stoff B bügeln.

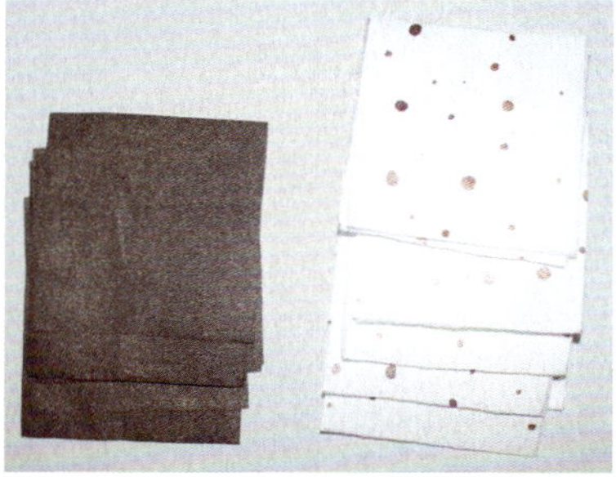

2 Je ein Quadrat aus Stoff A und eins aus Stoff B rechts auf rechts zusammenstecken und an drei Seiten mit 1 cm Nahtzugabe zusammennähen. Eine Seite bleibt als Wendeöffnung offen. Die Nahtzugaben zurückschneiden und an den Ecken schräg bis kurz vor die Naht abschneiden. Dann die Quadrate wenden und bügeln, die Nahtzugaben an den offenen Seiten werden nach innen gebügelt.

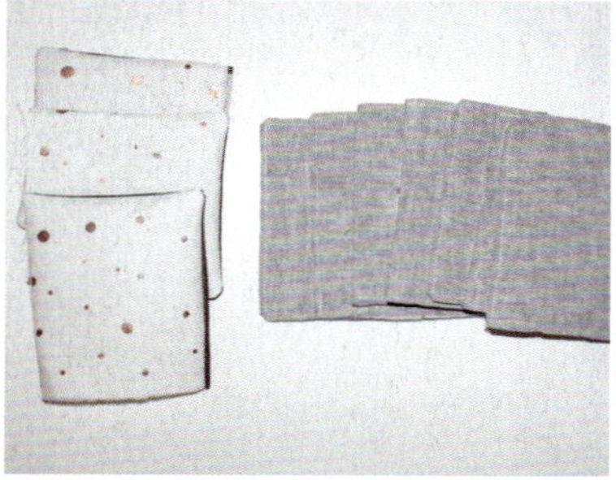

3 Die Quadrate von der rechten Seite mit 0,5 cm Abstand zum Rand rundum mit einem Geradstich absteppen.

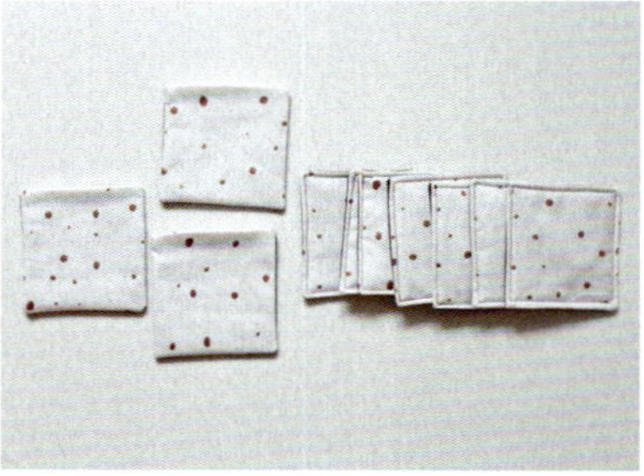

4 An sechs Quadraten mit dem Trickmarker auf Stoff B die Stepplinien markieren, wie im Schnittmuster eingezeichnet. Dann mit Klammern jeweils ein Quadrat mit und ein Quadrat ohne Markierungslinien zusammenklammern, sodass Stoff B jeweils außen liegt, und genau auf der Linie aufeinandernähen. Anfang und Ende der Naht jeweils gut verriegeln. Die anderen Quadrate entsprechend aneinandernähen, sodass sich ein Kreis ergibt.

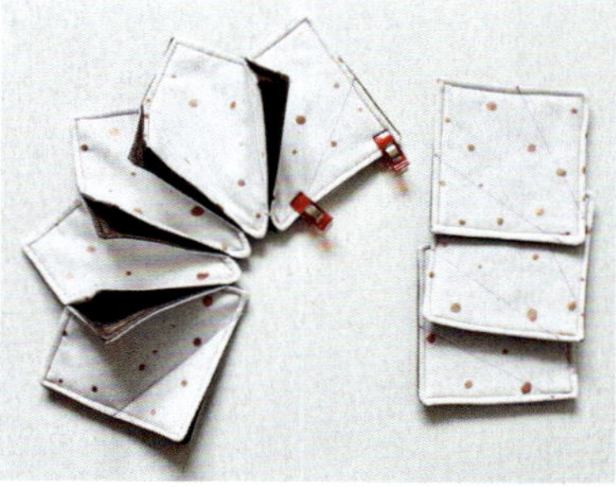

5 Das erste und letzte Quadrat ebenfalls miteinander verbinden. Die nach oben stehenden Ecken eines Quadrats jeweils an den Spitzen von Hand aneinandernähen und gleichzeitig einen Pompon festnähen.

MEIN TIPP FÜR SIE

Gestalten Sie die Kerzenständer ganz nach Ihrem Geschmack. Statt Pompons können Sie auch Glöckchen, Sternchen oder Quasten aus Wolle anbringen.

SCHWIERIGKEITS-GRAD 2

GRÖSSE
Durchmesser 30 cm

MATERIAL FÜR EINEN KERZEN-STÄNDER

- Stoff A in Kupfer mit Metallicglitzer, 35 cm x 50 cm
- Baumwollstoff B in Weiß mit kupferfarbenen Punkten oder in Beige mit weißen Sternen, 35 cm x 50 cm
- Volumenvlies H 630, 35 cm x 50 cm
- Kerze in Roségold, ø 5 cm, 8 cm hoch
- 12 Pompons in Weiß, ø 1 cm
- Trickmarker
- Stoffklammern

SCHNITTMUSTER-BOGEN 2A

Für gemütliche Stunden

genießen garantiert

WEINGLASLAMPEN

SCHWIERIGKEITSGRAD 1

GRÖSSE
Mit Glas ca. 22 cm hoch

MATERIAL
- Stickfilz in Weiß, 40 cm x 30 cm
- 2 Weingläser, 20,5 cm hoch, Glasdurchmesser oben: 6 cm
- 2 LED-Teelichter, ø 4,5 cm
- Baumwollstoffreste in Schilf mit Eicheln und in Schilf mit weißen Punkten
- Rest Plotterfolie in Goldglitzer
- Rest Vliesofix
- Motivstanzer „Stern", ø 1 cm
- Stylefix
- Spitzenband in Schilf, 1 cm breit, 40 cm
- Fransenband in Creme, 1,5 cm breit, 75 cm

SCHNITTMUSTER-BOGEN 2A

STERNENKÖRBCHEN

SCHWIERIGKEITSGRAD 1

GRÖSSE
ø 32 cm

MATERIAL
- Baumwollstoff in Schilf mit Eichelmuster und in Schilf mit weißen Punkten, je 45 cm x 45 cm
- Volumenvlies H 640, 45 cm x 45 cm
- Satinband in Schilf, 0,3 cm breit, 1,8 m

SCHNITTMUSTER-BOGEN 2B

Weinglaslampen

1 Den Lampenschirm zweimal aus Stickfilz zuschneiden.

2 Das Vliesofix mit der Papierseite nach oben über die Sternvorlagen legen und zweimal jeweils zwei große und zwei kleine Sterne dicht nebeneinander aufzeichnen. Die Sterne im „Viererpack" grob ausschneiden und auf die linken Seiten der Baumwollstoffe bügeln. Dann die Sterne exakt ausschneiden. Mit dem Motivstanzer aus der Glitzerfolie einige Sterne ausstanzen. Die Sterne auf die Lampenschirme bügeln. Die Stoffsterne mit einem Zickzackstich umranden.

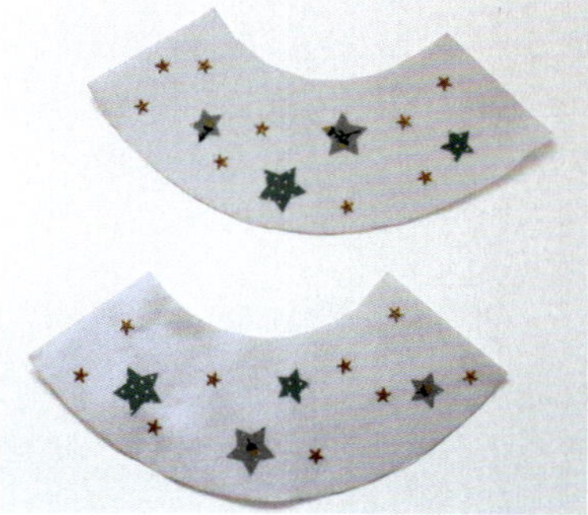

3 Mit Stylefix am oberen Rand der Lampenschirme das Spitzenband und am unteren Rand das Fransenband aufkleben und dann festnähen.

4 Zum Schluss die kurzen Seiten der Lampenschirme rechts auf rechts mit Klammern zusammenstecken und knappkantig zusammennähen, wenden und über die Gläser stülpen.

Sternenkörbchen

1 Aus den beiden Stoffen und dem Volumenvlies je einmal das Sechseck zuschneiden, das Volumenvlies auf die linke Seite des Punktestoffs bügeln.

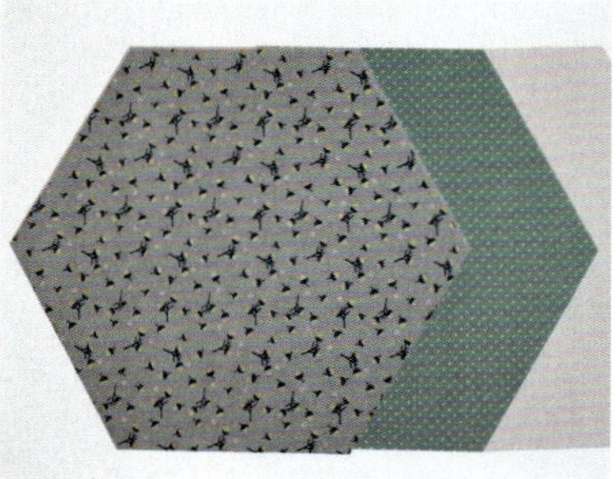

2 Die Stoffteile rechts auf rechts aufeinanderlegen, stecken und das Sechseck bis auf die Wendeöffnung zusammennähen. Die Nahtzugaben zurückschneiden und an den Ecken bis kurz vor die Naht abschneiden. Dann die Teile wenden und die Ecken mithilfe eines Kantenformers ausformen. Die Nahtzugaben an der Wendeöffnung nach innen bügeln und das Sechseck rundum mit 0,5 cm Nahtzugabe absteppen.

3 Das Sechseck an den Ecken links auf links falten, sodass die abgesteppten Oberkanten zu beiden Seiten der Spitze aufeinanderliegen. Einen Abstand von 2,5 cm zur Spitze an der Oberkante markieren und von diesem Punkt eine 5,5 cm lange Linie im rechten Winkel zur Oberkante in Richtung Faltkante anzeichnen und die Lagen aufeinanderstecken. Genau auf der Linie die Stofflagen aufeinandernähen, Anfang und Ende der Naht gut verriegeln. So an allen Spitzen einen Abnäher arbeiten.

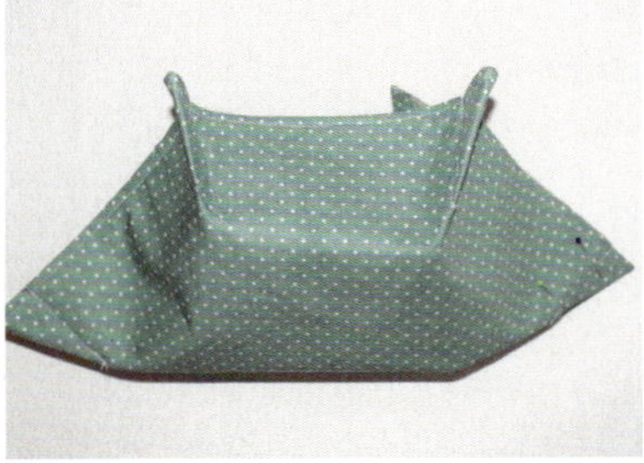

4 Das Satinband in 30 cm lange Stücke schneiden. Sechs Schleifen binden und an der Körbchenoberkante, jeweils am Beginn der Abnäher, von Hand annähen.

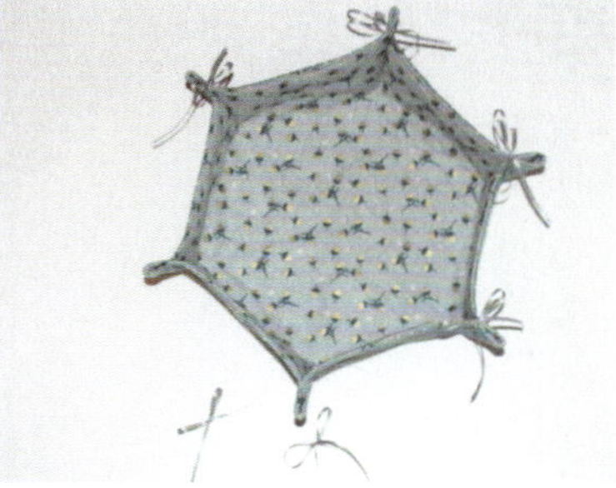

LED-Lichter

stimmungsvolle Weihnachtslichter

SCHWIERIGKEITSGRAD 1

GRÖSSE

- Sterne: ca. 14,5 cm x 14,5 cm
- Tannenbäume: ca. 18 cm x 13 cm

MATERIAL FÜR 3 STERNE

- Baumwollstoff in Mint mit weißen Punkten, 20 cm x 10 cm
- Stickfilz in Weiß, 60 cm x 30 cm
- Vliesofix, 20 cm x 10 cm
- SnapPap effect in Platin, 45 cm x 15 cm
- Rest Flexfolie in Roségold
- 24 Pompons in Weiß, ø 0,5 cm
- 3 LED-Teelichter, ø 3,5 cm
- Motivstanzer „Schneeflocke“, ø 4,5 cm (oder Plotter)
- Stylefix
- Alleskleber

MATERIAL FÜR 2 TANNENBÄUME

- Baumwollstoff in Mint mit weißen Punkten, 20 cm x 10 cm
- Stickfilz in Weiß, 40 cm x 25 cm
- Vliesofix, 20 cm x 10 cm
- SnapPap effect in Platin, 20 cm x 20 cm
- Rest Flexfolie in Roségold
- 14 Pompons in Weiß, ø 0,5 cm
- 2 LED-Teelichter, ø 3,5 cm
- Motivstanzer „Stern“, ø 1,5 cm und ø 0,8 cm (oder Plotter)
- Stylefix
- Alleskleber

SCHNITTMUSTERBOGEN 2A

1 Vliesofix mit der Papierseite nach oben über die Vorlage für die Applikationen legen und die für den Stern dreimal, die für den Tannenbaum zweimal aufzeichnen und grob ausschneiden. Das Vliesofix auf die Rückseite des Baumwollstoffs bügeln und die Applikationen exakt ausschneiden. Den Untergrund für jedes Licht je zweimal aus Stickfilz und die SnapPap-Rahmen je einmal zuschneiden.

2 Sterne und Schneeflocken mit dem Plotter bzw. mit einem Stanzer aus der Flexfolie fertigen und jeweils mittig auf die Stickfilzteile bügeln (= Vorderseite). Am unteren Ende der Vorderseiten die Applikationen aus Baumwollstoff mittig und mit 0,5 cm Abstand zum unteren Rand aufbügeln und seitlich und unten mit einem Zickzackstich festnähen.

HINWEIS: Die Plottermotive finden Sie in der Digitalen Bibliothek, siehe auch Seite 9 und 92.

3 Einige Streifen Stylefix auf der Rückseite der SnapPap-Rahmen befestigen und die Rahmen deckungsgleich auf die jeweiligen Vorderseiten kleben. Dann jeweils den inneren Rand und den äußeren Rand im unteren Bereich mit einem Geradstich feststeppen.

4 Die passende Rückseite aus Stickfilz jeweils deckungsgleich links auf links unter die Vorderseite legen. Damit nichts verrutscht, eventuell die äußeren Ränder mit etwas Stylefix befestigen. Jetzt die äußeren Ränder bis auf die Unterkante knappkantig zusammennähen. Falls etwas Stickfilz am Rand übersteht, diesen mit einer kleinen Schere wegschneiden.

5 Zum Schluss die Pompons mit Alleskleber an die Sternenspitzen bzw. Tannenbaumspitzen kleben und Sterne und Weihnachtsbäume über die Teelichter stülpen.

Tannenbäumchen

umwerfend gestapelt

1 Die Stoffstücke jeweils rechts auf rechts zur Hälfte legen (= 30 cm x 30 cm). Die Konturen der schwarz gezeichneten Sterne auf Stoff A, die Konturen der grau gezeichneten Sterne auf Stoff B übertragen, dann die Sterne jeweils zusammenstecken und in doppelter Stofflage ausschneiden.

2 Alle Sterne mit 0,5 cm Nahtzugabe zusammennähen, dabei bleiben die Wendeöffnungen offen.

3 Die Nahtzugaben an allen Innenecken bis kurz vor die Naht einschneiden, an den Außenecken bis dicht an die Naht abschneiden. Die Sterne wenden, bei den kleineren Sternen hierfür einen kleinen Rundholzstab oder Stift zu Hilfe nehmen. Die Sterne bügeln, dabei die Nahtzugaben an den Wendeöffnungen nach innen bügeln.

4 Die Sterne mit etwas Füllwatte füllen und die Wendeöffnungen von Hand schließen.

5 Jetzt die Sterne zusammennähen. Dafür mit dem größten, unteren Stern beginnen und dann der Größe nach alle Sterne aufeinandernähen, dabei wechseln die Stoffmuster von Stern zu Stern ab. Jeweils die Sternenmitten durchstechen und mehrmals mit dem vorherigen Stern vernähen. Aus dem Schleifenband eine Schleife binden und am oberen Ende mittig auf den oberen Stern nähen.

6 Die Glöckchen mit der Hand an die Spitzen der Sterne aus Stoff A nähen. Zum Schluss den Baum mit Holzleim auf die Baumscheibe kleben.

SCHWIERIGKEITSGRAD 2

GRÖSSE
ca. 13 cm x 17 cm

MATERIAL FÜR EIN BÄUMCHEN

- Baumwollstoff in Schilf mit Goldpunkten (Stoff A) und in Weiß mit Goldpunkten (Stoff B), je 60 cm x 30 cm
- Rest Füllwatte
- 1 Baumscheibe, ø 10 cm, 2 cm dick
- 20 Glöckchen in Gold, ø 0,5 cm
- Schleifenband in Beige mit Goldrand, 1 cm breit, 25 cm
- Holzleim

SCHNITTMUSTERBOGEN 1A

Glitzersterne auf Holzständern

standhaft und strahlend

1 Den Sternrand zweimal aus SnapPap zuschneiden, den grauen Wollfilz in zwei Stücke à 25 cm x 25 cm schneiden.

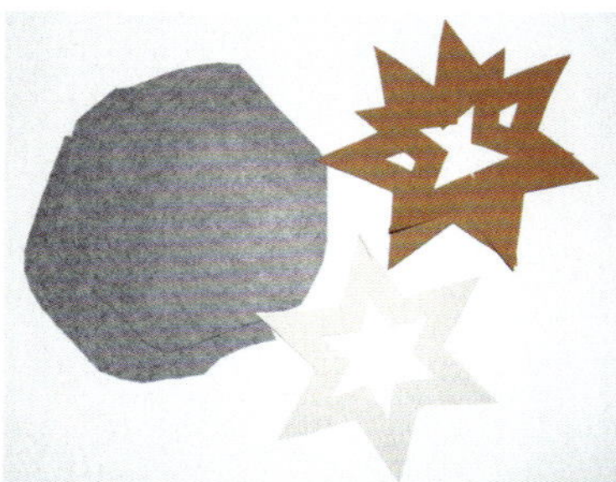

2 Auf die linke Seite des Baumwollstoffs das Volumenvlies aufbügeln. Die Sternform je zweimal aus dem Stoff und aus der Folie ausschneiden. In die Mitte der Stoffsterne jeweils einige Glitzerfäden und Pailletten geben, dann die Stoffränder mit Alleskleber bestreichen. Die Foliensterne passend auf die Stoffsterne legen und am Rand festdrücken. Die Ränder nach dem Trocknen knappkantig mit einem Geradstich absteppen.

3 Mit Stylefix zuerst jeweils einen Stoff-Folienstern passend unter den Ausschnitt eines SnapPap-Sternrands kleben, dann die zusammengesetzten Sterne auf die Filzstücke kleben.

4 Die Außen- und Innenkanten der SnapPap-Sternränder mit braunem Garn und einem Geradstich nachnähen. An der äußeren Kante zwischen zwei Sternspitzen, wie eingezeichnet, 1 cm frei lassen; hier wird später der Rundholzstab eingesteckt. Den Wollfilz als Rahmen bis auf 0,3 cm an den SnapPap-Stern zurückschneiden.

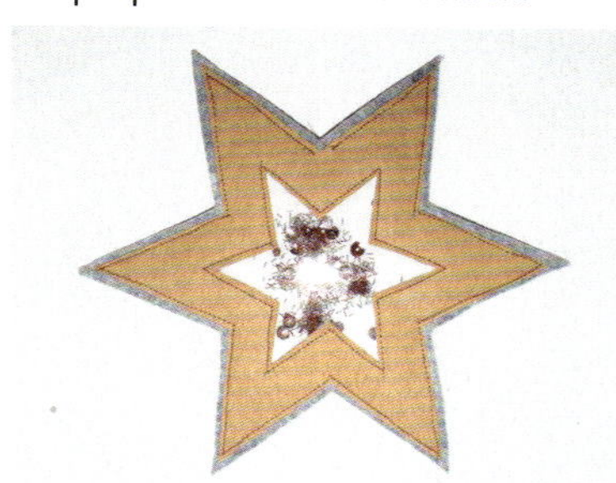

5 In die Oberseiten der Vierkantstäbe jeweils mittig ein 1 cm tiefes Loch bohren. Die Rundholzstäbe mit Holzleim in die Bohrungen kleben und gut trocknen lassen. Dann das Vierkantholz und den Rundholzstab mit weißer Kreidefarbe bemalen. Nach dem Trocknen die Rundholzstäbe oben mit dem Spitzer etwas anspitzen.

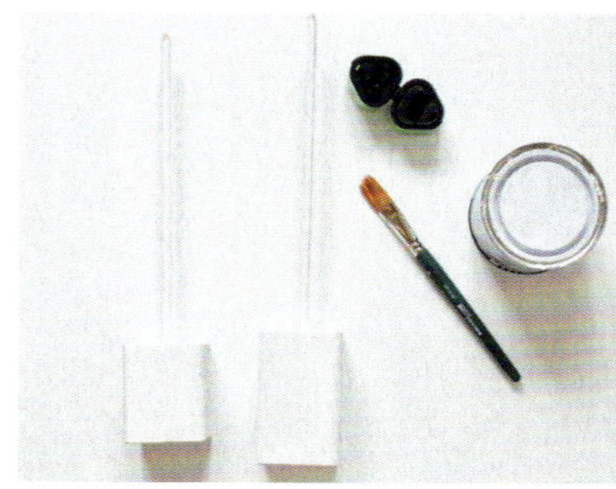

6 Das Schleifenband in ein 70 cm und ein 75 cm langes Stück teilen. Dann jeweils mittig eine Schleife binden und die Schleifen mit Sekundenkleber an die Innenkanten der SnapPap-Sterne kleben, siehe Foto. Dann die Sterne auf die Rundholzstäbe stecken.

SCHWIERIGKEITSGRAD 2

GRÖSSE
40 cm und 42,5 cm hoch

MATERIAL FÜR 2 STERNE

- 2 Vierkantstäbe, 6,5 cm x 6,5 cm, 8 cm und 10,5 cm hoch
- 2 Rundholzstäbe, ø 8 mm, je 28 cm hoch
- Kreidefarbe in Weiß
- Schleifenband in Braun/Weiß kariert, 1 cm breit, 145 cm
- Wollfilz in Grau, 0,2 cm dick, 50 cm x 25 cm
- SnapPap Plus in Hellbraun, 45 cm x 25 cm
- Tischdeckenfolie in Transparent, 30 cm x 15 cm
- Baumwollstoff in Weiß mit kupferfarbenen Tupfen, 30 cm x 15 cm
- Volumenvlies H 630, 30 cm x 15 cm
- Glitzerfäden und Pailletten in Kupfer
- Stylefix
- Spitzer
- Sekundenkleber
- Holzleim
- Bohrmaschine mit Holzbohrer, ø 0,8 cm
- Pinsel

SCHNITTMUSTERBOGEN 1B

Engel

paarweise unschlagbar

1 Folgende Teile zuschneiden: aus Stoff A zweimal den Körper und einmal den Boden; aus Stoff B zweimal die Flügel, aus Stoff C viermal die Arme (je zwei gegengleiche Teile) und zweimal den Kopf; aus Stoff D zweimal den Stern.
Die Kopfteile jeweils rechts auf rechts an die Körperteile stecken und mit 0,5 cm Nahtzugabe annähen. Die Nahtzugaben auseinanderbügeln. Dann die Körperteile rechts auf rechts aufeinanderstecken und bis auf die Unterkante zusammennähen. Je zwei gegengleiche Arme, die Sterne und die Flügel jeweils rechts auf rechts bis auf die Wendeöffnungen zusammennähen.

2 Den Boden rechts auf rechts an den Körper stecken und mit 0,5 cm Nahtzugabe annähen, dabei die Wendeöffnung frei lassen.

3 An allen Teilen die Nahtzugaben an den Rundungen und Ecken bis dicht an die Naht einschneiden. Wenden und ausformen, die Nahtzugaben an den Wendeöffnungen jeweils nach innen bügeln.

4 Augen mit Stoffmalfarbe aufmalen, Wangen mit der Stoffmalkreide. Beides durch Bügeln fixieren.

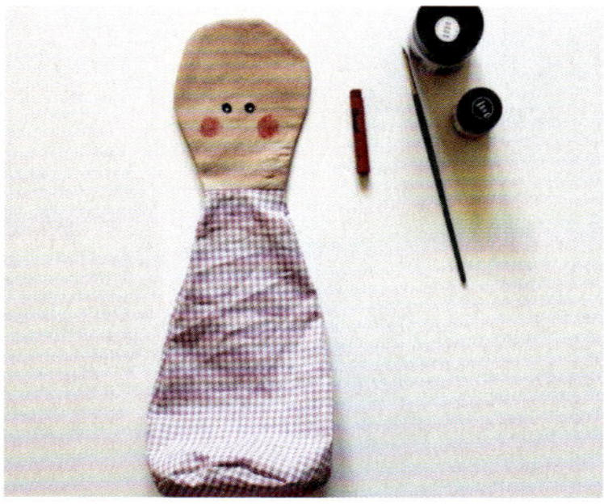

5 Alle Teile mit Füllwatte füllen und danach die Wendeöffnungen von Hand schließen.

6 Die Flügel gemäß Schnitt abnähen. Das breite Spitzenband mit Stylefix um den Hals des Engels kleben und mit der Hand annähen. Die Flügel an den Rücken nähen und auch die Arme seitlich am Körper festnähen. Aus der Paketschnur eine Schleife binden und diese auf den Stern nähen, dann den Stern auf Höhe der Hände mittig am Körper festnähen und die Hände am Stern fixieren. Die Knöpfe oben an den Armen befestigen.

7 Die Wolle in 40 Stücke à 40 cm schneiden und mit braunem Nähgarn an der Vorder- und Hinterseite des Kopfes annähen, sodass ein Seitenscheitel entsteht. Die Enden gleichmäßig abschneiden. Zwei Zöpfe flechten, drehen, jeweils zu einem Dutt formen und mit kleinen Gummis fixieren.

8 Das schmale Spitzenband in zwei Teile schneiden, seitlich um die Dutts legen und die Enden jeweils zur Schleife binden.

SCHWIERIGKEITS-GRAD 2

GRÖSSE
34 cm hoch

MATERIAL FÜR EINEN ENGEL

- Baumwollstoff A (Körper) in Altrosa mit Sternen bzw. in Altrosa kariert, 55 cm x 30 cm
- Baumwollstoff B (Flügel) in Altrosa mit Sternen bzw. in Altrosa kariert, 25 cm x 30 cm
- Baumwollstoff C in Hautfarbe, 20 cm x 55 cm
- Baumwollstoff D in Weiß mit goldenen Punkten, 25 cm x 15 cm
- Textilfarbe in Schwarz und Weiß
- Stoffmalkreide in Rot
- 2 Holzknöpfe in Braun, ø 1,5 cm
- Teddywolle in Braun, 16 m
- 2 kleine Gummiringe
- Spitzenband in Weiß, 1 cm breit, 50 cm
- Spitzenband in Weiß, 3 cm breit, 16 cm
- Paketschnur in Natur, ø 0,5 cm, 25 cm
- Stylefix
- Füllwatte, ca. 350 g

SCHNITTMUSTER-BOGEN 1B

Schlittschuhläuferin

oder doch die Eisprinzessin?

SCHWIERIGKEITSGRAD 3

GRÖSSE
45 cm

MATERIAL

- Baumwollstoff A in Hautfarbe, 70 cm x 30 cm
- Baumwollstoff B in Mint mit goldenen Dreiecken und Baumwollstoff C in Mint/Grau mit Karomuster, je 30 cm x 20 cm
- Bündchenstoff D in Mint, 16 cm x 10 cm
- Wellnessfleece E in Weiß, 40 cm x 35 cm
- Winterfrottee F in Beige, 20 cm x 10 cm
- Tüllstoff G in Weiß, 50 cm x 40 cm
- Gummiband in Gold, 2 cm breit, 20 cm
- Rest Modellierfilz H in Weiß
- Pompon in Weiß, ø 2,5 cm
- Teddywolle in Braun, ca. 12 m
- Stoffmalfarbe in Schwarz und Weiß
- Stoffmalkreide in Rot
- Herzknopf in Dunkelbraun, 2 cm x 2 cm
- Spitzenband in Weiß, 0,7 cm breit, 20 cm
- Pomponband in Weiß, 1 cm breit, 70 cm
- Spitzenband in Braun, 1,3 cm breit, 22 cm
- Kordel in Weiß, ø 2 mm, 1 m
- Textilröschen in Weiß, ø 1,2 cm
- ca. 60 g Füllwatte

SCHNITTMUSTERBOGEN 2B

1 Die Stoffstücke A und B jeweils rechts auf rechts zur Hälfte falten und den Körper auf Stoff B, das Gesicht und je zweimal den Arm und das Bein aus Stoff A aufzeichnen. Die Teile ausschneiden.

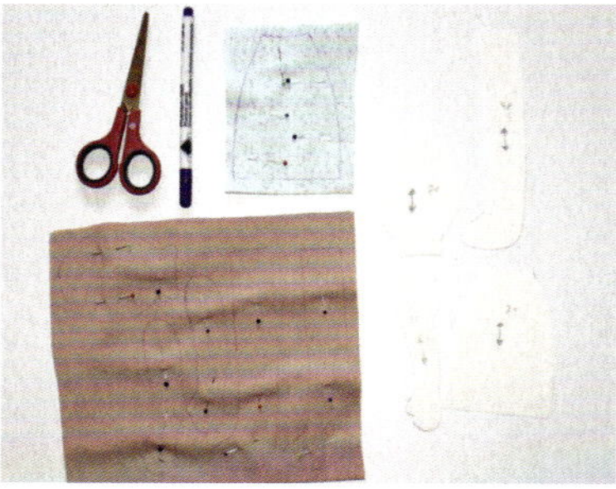

2 Je ein Körper- und Kopfteil rechts auf rechts mit 0,5 cm breiter Nahtzugabe zusammennähen. Die Nahtzugaben auseinanderbügeln. Jetzt die beiden zusammengesetzten Teile rechts auf rechts zusammenstecken und bis auf die Unterkante (= Wendeöffnung) zusammennähen. An allen Rundungen und Ecken die Nahtzugaben bis dicht an die Naht einschneiden.
Auch je zwei Arm- und Beinteile rechts auf rechts bis auf die Wendeöffnungen zusammennähen. Die Nahtzugaben bis dicht an die Naht einschneiden.

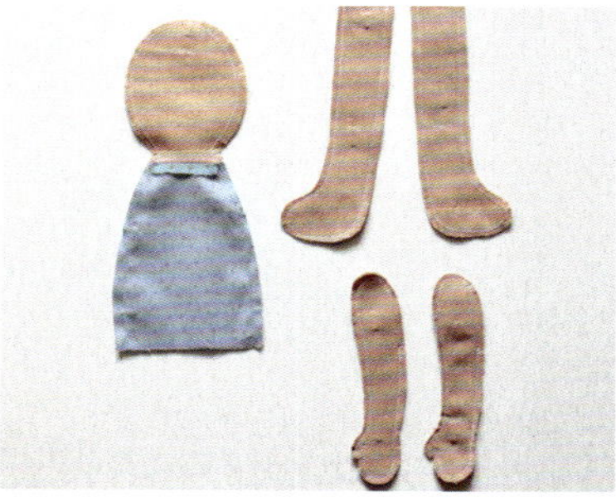

3 Alle Teile mithilfe eines Stäbchens wenden und die Nahtzugaben der Wendeöffnungen 0,5 cm breit nach innen umbügeln. Die Teile mit Füllwatte ausstopfen. Dann die Wendeöffnungen an den Armen mit der Hand schließen.

4 Die Beine jeweils 0,5 cm von den Seiten entfernt unten in den Körper schieben und feststecken. Den Körper unten zunähen, dabei die Beine mit annähen. Die Arme mit der Hand seitlich an den Körper nähen.

5 Die Hose zweimal gegengleich aus Stoff C zuschneiden, die Oberkante 0,5 cm zur linken Seite umbügeln und festnähen. Am unteren Hosenbeinrand jeweils mit Stylefix ein passendes Stück Spitzenband aufkleben und annähen.

6 Die Hosenteile rechts auf rechts deckungsgleich übereinanderlegen und die Seitennähte im oberen Bereich schließen (= Schrittnähte). Die Nahtzugaben auseinanderbügeln.

7 Jetzt die einzelnen Hosenbeine jeweils rechts auf rechts zur Hälfte falten, sodass die Innenbeinkanten aufeinanderliegen, stecken und die Hosenbeine zusammennähen.

8 Die Hose wenden, über die Beine ziehen und die Hosenoberkante am Körper festnähen.

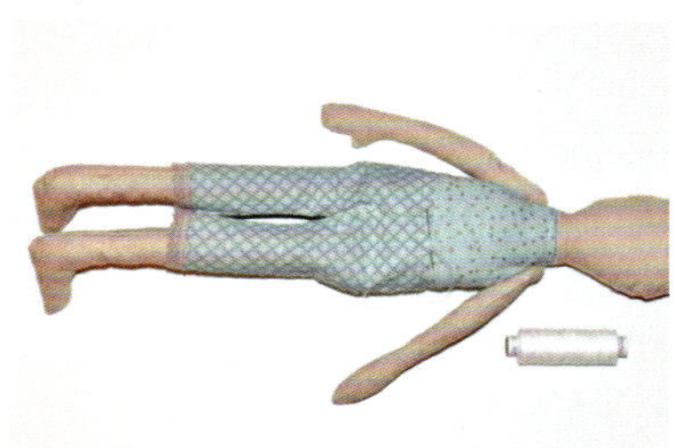

9 Aus dem Tüll zwei Streifen à 45 cm x 20 cm zuschneiden, längs falten (= 45 cm x 10 cm) und dann passend übereinanderlegen. Die Faltkanten von Hand mit große Stichen abnähen und den Tüll kräuseln. Den Tüllrock auf die linke Seite des Gummibands stecken und annähen, dabei das Gummiband etwas dehnen. Das Rockteil rechts auf rechts zur Hälfte falten und die Seitenkanten von Gummiband und Tüll zusammennähen.

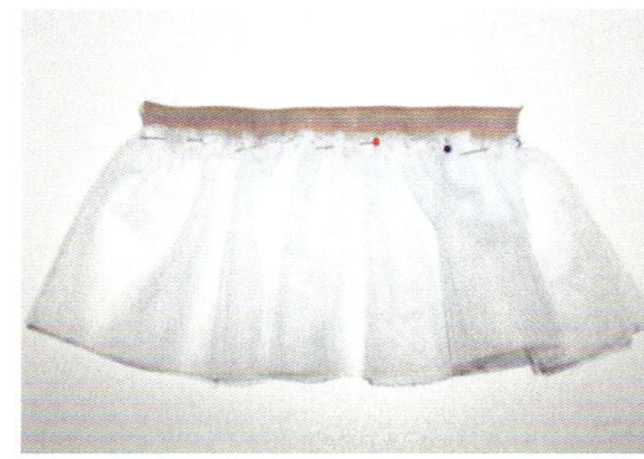

10 Die Schlittschuhe viermal , je zwei gegengleiche Teile, aus dem Winterfrottee ausschneiden. Auf der rechten Seite am oberen Rand jeweils Stylefix anbringen und passende Stücke vom weißen Spitzenband aufkleben und festnähen. Die Schlittschuhkufen zweimal aus dem Modellierfilz ausschneiden. Je zwei Schuhteile deckungsgleich links auf links aufeinanderlegen, dabei die Kufen jeweils an der Unterseite zwischen die Teile schieben. Die Schuhe von der rechten Seite bis auf die Oberkante knappkantig zusammennähen. Dann die Schlittschuhe über die Füße der Eiskunstläuferin ziehen.

11 Die Jacke aus Wellnessfleece zuschneiden: Ärmel und Vorderteil je zweimal (je 2 gegengleiche Teile) und das Rückenteil einmal.

12 Rücken- und Vorderteile der Jacke rechts auf rechts zusammenstecken und an den Schultern zusammennähen, aufklappen und die Ärmel rechts auf rechts in die Armausschnitte nähen. Die unteren Ärmelkanten 0,5 cm breit nach links umbügeln und absteppen.

13 Die Jacke an den Schultern und in der Mitte der Ärmel falten, sodass die Ärmel zur Hälfte und die Vorderteile und das Rückenteil jeweils rechts auf rechts aufeinanderliegen, und feststecken. Die Ärmel- und Seitennähte jeweils mit einer durchgehenden Naht schließen.

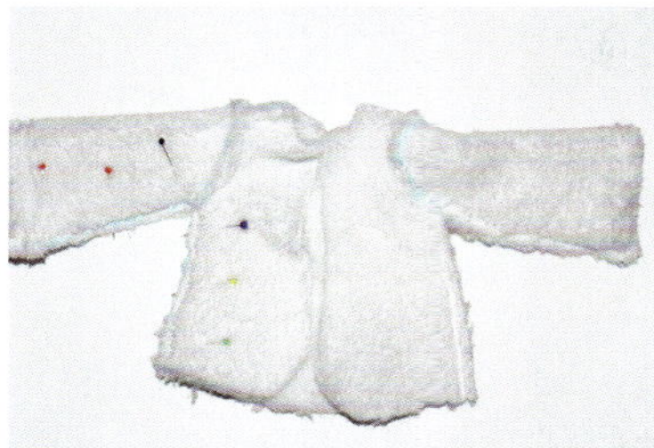

14 Mit Stylefix rund um die Jacke das Pomponband aufkleben und dann annähen. Der Puppe die Jacke anziehen.

15 Für die Mütze den Bündchenstoff rechts auf rechts aufeinanderlegen, sodass die 10 cm langen Kanten aufeinanderliegen, und die Seitennaht mit einem Zickzackstich schließen. An der oberen Kante mit einer Nähnadel große Stiche anbringen, die Mütze damit zusammenziehen und die Fäden vernähen. Dann die Mütze wenden und den unteren Rand umschlagen. Den weißen Pompon oben an der Mütze annähen.

16 Für die Haare 30 braune Wollstücke von je 40 cm Länge schneiden, das Fadenbündel in der Mitte oben am Kopf festnähen, sodass ein Mittelscheitel entsteht. Die Haare auf eine gleichmäßige Länge schneiden. Die Mütze auf den Kopf setzen und an den Seiten mit einigen Stichen fixieren.

17 Mit Stoffmalfarbe das Gesicht aufmalen, die Wangen mit Stoffmalkreide. Das Seidenröschen an den Mützenrand nähen. Die weiße Kordel halbieren und mit der Nähnadel als Schnürsenkel an die Schlittschuhe nähen, dann daraus Schleifen binden. Zum Schluss noch den Herzknopf als Verschluss an die Jacke nähen.

Ganz große Lamaliebe

mit Kuschelfaktor

LAMAKISSEN

SCHWIERIGKEITSGRAD 2

GRÖSSE
40 cm x 40 cm

MATERIAL

- Feincord A in Senf, 45 cm x 45 cm
- Baumwollstoff B in Ocker mit Muster, 45 cm x 65 cm
- 4 Pompons in Beige, ø 4 cm
- Teddyplüsch C in Natur, 30 cm x 30 cm
- Rest Wollfilz (D) in Grau
- Rest Baumwollstoff in Schilf mit Punkten (E), in Hautfarbe (F), in Grau (G), in Dunkelgrau (H) und Rosa (I)
- Fransenband in Creme, 1,5 cm breit, 1,4 m
- Pomponborte in Senf, 2,5 cm breit, 8 cm
- Wollrest in Mint
- Vliesofix, 40 cm x 45 cm
- Kissen-Inlett, 40 cm x 40 cm
- Trickmarker

SCHNITTMUSTERBOGEN 1B

Lamakissen

1 Aus dem Feincord das Vorderteil à 42 cm x 42 cm und aus Stoff B die beiden Rückseitenteile à 42 cm x 21 cm und 42 cm x 39 cm zuschneiden. Auf dem Vorderteil mit dem Trickmarker 7 cm von jedem Rand entfernt eine Linie ziehen. Von der Fransenborte 4 Stücke à 28 cm abschneiden, die Stücke mit Stylefix auf die Linien kleben und annähen. Die Rückenteile an einer 42 cm langen Seite jeweils 2 x 2 cm breit umbügeln und den Umschlag jeweils an beiden Seiten festnähen.

2 Das Vliesofix mit der Papierseite nach oben über die Vorlagen legen und die Motive für einen Stoff jeweils dicht nebeneinander aufzeichnen. Dafür sind die Vorlagen bereits gespiegelt. Das Vliesofix für jeden Stoff grob zuschneiden, dann auf die linken Seiten der entsprechenden Stoffe bügeln und danach die Motive exakt ausschneiden.

3 Die Motivteile auf die Kissenvorderseite bügeln, dabei mit den Füßen beginnen, dann das Lama aufbügeln, darauf die Deckenteile, das Gesicht, die Schnauze und die Wange. Den Kaktus ebenfalls aufbügeln. Die Linien mit dem Trickmarker aufzeichnen und die Applikationen mit einem Zickzack- oder Geradstich aufnähen. Die Linien in Schwarz nachnähen.

4 Die Sterne aufbügeln und rundum feststeppen sowie die Pomponborte aufnähen. Die Rückseitenteile links auf rechts übereinanderlegen, sodass sie zusammen 42 cm x 42 cm groß sind und die rechte Seite der Kissenrückseite nach oben zeigt. Dann das Vorderteil rechts auf rechts auf die Rückseite legen und das Kissen rundum zusammennähen. Dazu einen Stich wählen, der gleichzeitig den Rand versäubert.
Das Kissen wenden. An jeder Ecke einen Pompon annähen.

SITZENDES LAMA

SCHWIERIGKEITSGRAD
2

GRÖSSE
ca. 35 cm x 28 cm

MATERIAL

- Teddyplüsch A in Natur, 85 cm x 45 cm
- Baumwollstoff B in Senf mit Muster, 25 cm x 15 cm
- Feincord C in Senf, 25 cm x 35 cm
- Baumwollstoff D in Hautfarbe, 20 cm x 15 cm
- Baumwollstoff E in Schilf mit weißen Punkten, 15 cm x 15 cm
- Volumenvlies H 630, 15 cm x 45 cm
- Rest Vliesofix
- Baumwollstoffrest F in Grau
- Rest Bündchenstoff in Beige mit Glitzer
- Pomponband in Senf, 2,5 cm breit, 30 cm
- Fransenband in Creme, 1,5 cm breit, 60 cm
- 2 schwarze Holzperlen, ø 0,5 cm
- 2 braune Holzperlen, ø 1 cm
- Stoffmalkreide in Rot
- Wollreste in Schwarz und Mint
- ca. 250 g Füllwatte
- Stylefix

SCHNITTMUSTERBOGEN
1A

Sitzendes Lama

1 Das Vliesofix mit der Papierseite nach oben über die Vorlagen für Gesicht und Schnauze legen und die Motive je zweimal (jeweils zwei gegengleiche Teile) dicht nebeneinander aufzeichnen. Dafür ein Teil aufzeichnen, das Vliesofix falten und die durchscheinende Linie nachzeichnen. Das Vliesofix für jeden Stoff grob zuschneiden, dann auf die linken Seiten der entsprechenden Stoffe bügeln. Danach die Motive exakt ausschneiden.
Die große Decke zweimal aus Stoff C und einmal aus Volumenvlies, die kleine Decke zweimal aus Stoff B, die Ohren je zweimal aus den Stoffen A, E und aus Volumenvlies, Körper und Schwanz je zweimal aus Stoff A (je 2 gegengleiche Teile) und das Zwischenteil einmal im Stoffbruch aus Stoff A zuschneiden.
Auf die linken Seiten der Decke und der Baumwollstoff-Ohren die Volumenvliesteile aufbügeln

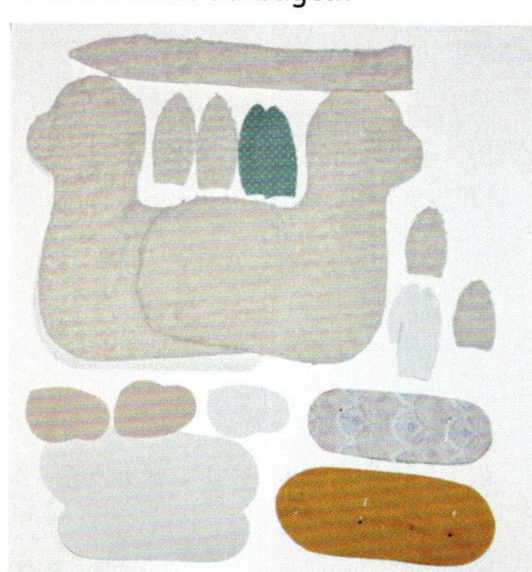

2 Die Gesichtsteile, dann die Schnauzenteile auf die Körperteile bügeln und jeweils mit einem Zickzackstich und farblich passendem Nähgarn aufnähen. Die Schwanzteile rechts auf rechts zusammennähen, dabei bleibt die untere Seite als Wendeöffnung offen. Den Schwanz wenden und zwischen den Markierungen an ein Körperteil stecken, dabei zeigt die Schwanzspitze zur Körpermitte.

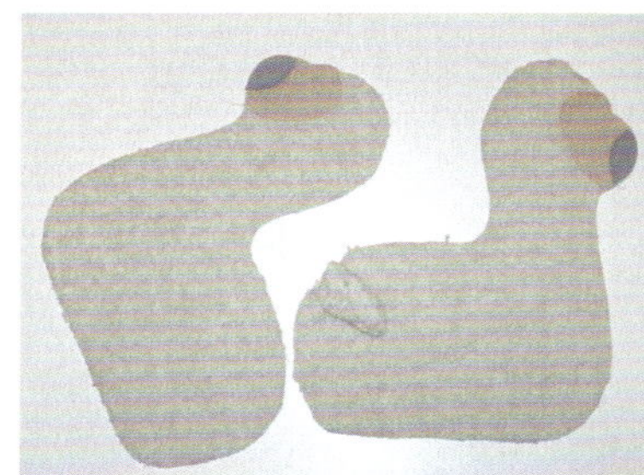

3 Das Zwischenstück rechts auf rechts an eine Körperhälfte stecken, sodass die Nahtzeichen Punkt und Stern jeweils aufeinandertreffen, und das Zwischenstück mit 0,5 cm Nahtzugabe annähen. Dabei beginnt und endet die Naht an der Spitze des Zwischenstücks genau am Nahtzeichen, die Nahtzugabe wird nicht festgenäht.

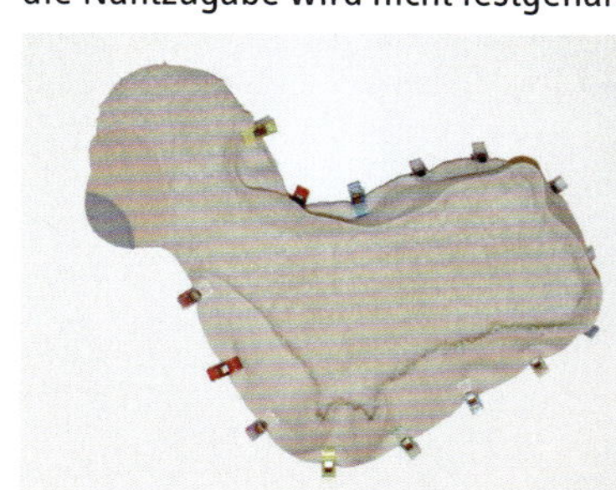

4 Das zweite Körperteil rechts auf rechts an das andere Körperteil bzw. an das Zwischenteil stecken. Den Lamakörper bis auf die Wendeöffnung zusammennähen. Die Nahtzugaben an den Rundungen bis kurz vor die Naht einschneiden. Dann das Lama wenden.

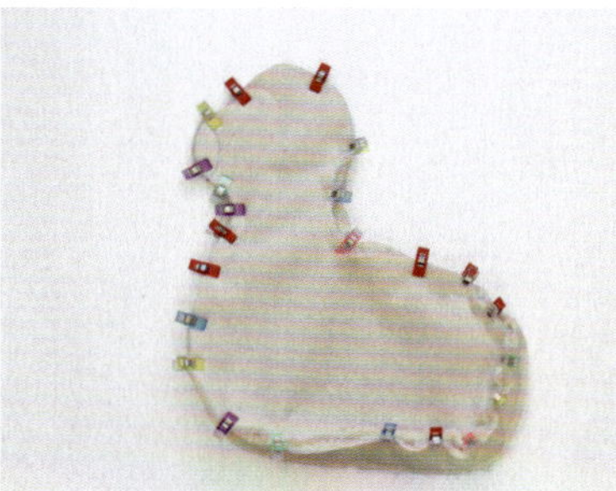

5 Den Körper mit Füllwatte ausstopfen und die Wendeöffnung von Hand schließen. Die Wangen mit der Stoffmalkreide aufmalen und durch Bügeln fixieren, siehe Herstellerangaben.

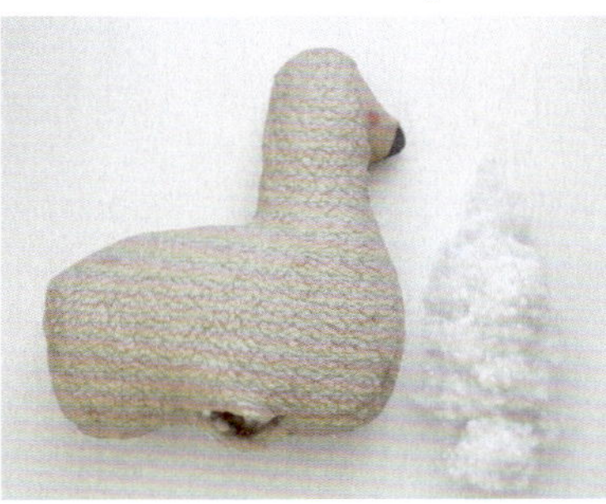

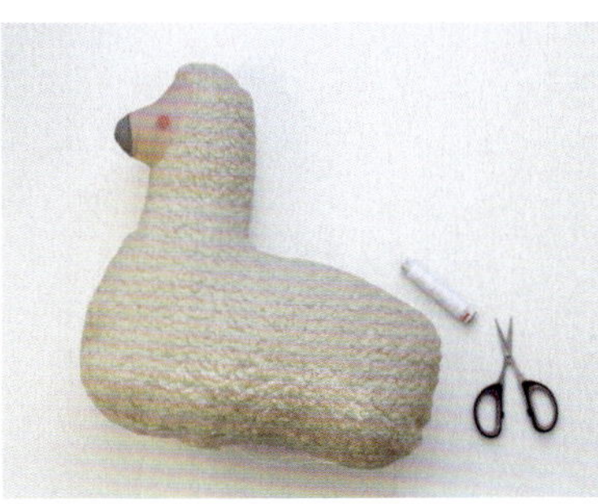

6 Je ein Ohr aus Baumwollstoff und eins aus Teddyplüsch rechts auf rechts aufeinanderstecken und zusammennähen. Das untere Ende bleibt als Wendeöffnung offen. Die Nahtzugaben an der Wendeöffnung 0,5 cm breit nach innen bügeln, dann zunähen und die Ohren an beiden Kopfseiten des Lamas mit der Hand annähen, siehe Foto. Das Pomponband mit Stylefix um den Hals kleben und von Hand annähen. Die schwarzen Perlen für die Augen und die Schnauzenspitze wie eingezeichnet mit schwarzer Wolle aufsticken.

7 Die großen und kleinen Deckenteile jeweils rechts auf rechts legen und bis auf die Wendeöffnungen mit 0,5 cm Nahtzugabe zusammennähen. Die Decken wenden und die Nahtzugaben an den Wendeöffnungen nach innen bügeln. Die große Decke am Rand evtl. mit einer Ziernaht umnähen. Am Rand der kleinen Decke rundum die Fransenborte aufnähen, dabei Anfang und Ende der Borte jeweils nach links einschlagen und die Bruchkanten aneinanderstoßen lassen. Dann die kleine Decke mittig auf die große Decke stecken und annähen.

8 Jetzt die Quasten fertigen. Dafür die mintfarbene Wolle wie eine „8“ ca. elfmal um Daumen und Zeigefinger wickeln und wieder abziehen. Die Mitte mit einem separaten Faden (= Aufhängefaden) abbinden, das Fadenbündel am Aufhängefaden falten und ein „Köpfchen“ abbinden. Die Wollfäden unten aufschneiden und auf gleiche Länge schneiden. Auf den Aufhängefaden jeweils eine braune Holzperle aufziehen.

9 Die Quasten an den schmalen Seiten der großen Decke mittig annähen. Dann die Decke mit der Hand auf den Lamarücken nähen. Am Schluss vom Bündchenstoff 5 cm x 4 cm abschneiden und ab der Längskante ca. 0,5 cm breite Fransen bis 1 cm vor das Stoffende einschneiden. Das Stoffstück zusammendrehen und am geschlossenen Ende mit einigen Handstichen fixieren. Dann die Fransen als Haare auf dem Kopf annähen.

Matroschka

ein Deko-Klassiker

SCHWIERIGKEITSGRAD 3

GRÖSSE
46 cm x 30 cm

MATERIAL

- Baumwollstoff A in Rot-Bunt mit Muster, 80 cm x 55 cm
- Baumwollstoff B in Hellblau mit roten Punkten, 95 cm x 45 cm
- Baumwollstoff C in Hautfarbe, 20 cm x 25 cm
- Baumwollstoff D in Braun, 25 cm x 10 cm
- Baumwollstoff E in Rosa mit roten Herzen, 75 cm x 25 cm
- Rest Baumwollstoff in Schwarz
- Volumenvlies H 630, 60 cm x 40 cm
- Einfassband in Creme mit Spitzenabschluss, 1,3 cm breit, 80 cm
- Webband in Creme mit türkis-rotem Muster, 1,5 cm breit, 90 cm
- Rüschenband in Rot, 1,5 cm breit, 60 cm
- Paspelband in Rot, 1 cm breit, 2,5 m
- Pomponband in Hellblau, 1 cm breit, 13 cm
- 2 beziehbare Knöpfe, ø 2,2 cm und ø 1,5 cm
- 450 g Füllwatte
- Stylefix, Rest Vliesofix
- Textilfarbe in Weiß und Schwarz
- Stoffmalkreide in Rot
- Textilkleber

SCHNITTMUSTERBOGEN 1A

1 Alle Teile wie auf dem Schnittmusterbogen angegeben zuschneiden: Für die kleine Matroschka Haare, Gesicht und Schürze in Klein jeweils zuerst auf die Papierseite des Vliesofix' aufzeichnen, grob ausschneiden, auf die Rückseiten der entsprechenden Stoffe bügeln, siehe Schnittmuster, und dann exakt ausschneiden. Dafür ist die Vorlage der kleinen Matroschka bereits gespiegelt.
Aus Stoff A zweimal den großen Körper, je einmal das kleine Kopftuch-Rücken- und Vorderteil; aus Stoff B je einmal das große Kopftuch-Rücken- und Vorderteil und je zweimal die Schleife und den kleinen Körper; aus Stoff C einmal das große Gesicht; aus Stoff D einmal die Haare in Groß; aus Stoff E einmal die Schürzenrückseite und zweimal die Schürzenvorderseite. Aus Stoff A und B zusätzlich jeweils einen Seitenstreifen à 65 cm x 10 cm zuschneiden. Außerdem das hintere Schürzenteil, beide großen Kopftuchteile, die Haare in Groß und das Gesicht aus Volumenvlies zuschneiden und auf die Rückseiten der entsprechenden Stoffteile bügeln, dafür müssen die Haare aus Volumenvlies spiegelverkehrt zum Stoff zugeschnitten werden.

2 Für die große Matroschka die beiden Schleifenteile und die Schürzenvorderteile jeweils rechts auf rechts legen und die Schleifenteile bis auf die Wendeöffnung, die Schürzenteile an der Oberkante mit 0,5 cm breiter Nahtzugabe zusammennähen. Die Nahtzugaben an den Rundungen und Innenecken einschneiden sowie an den Außenecken bis dicht an die Naht wegschneiden. Dann die Teile wenden und ausformen. Die Nahtzugaben an der Wendeöffnung der Schleife nach innen bügeln. Die Schleife von der rechten Seite rundum knappkantig absteppen. Das cremefarbene Einfassband an die Oberkante des Schürzenvorderteils stecken und festnähen.

3 Das vordere Schürzenteil links auf rechts auf die Schürzenrückseite legen. Das Einfassband rundum mit Stylefix anbringen. Dann die Schürze auf die Körpervorderseite stecken, anschließend auch das Kopftuch, Gesicht und Haare auf der Vorderseite des Körpers feststecken und alle Teile mit einem Geradstich aufnähen, nur die untere Bogenkante der Haare mit einem Zickzackstich fixieren. Das Kopftuchrückenteil entsprechend auf die Körperrückseite nähen.

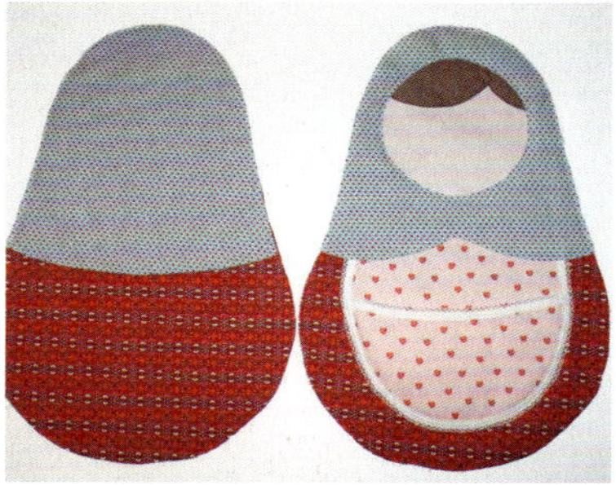

4 Von dem Webband für das Vorderteil zwei Teile à 15 cm, für das Rückenteil 30 cm abschneiden, jeweils am unteren Kopftuchrand mit Stylefix anbringen und beide Bandkanten feststeppen. Das Rüschenband mit Stylefix rundum das Gesicht kleben, dabei die Bandenden nach links einschlagen und auf Stoß gegeneinander legen, und festnähen. Die Schleife in der Mitte etwas raffen und mittig auf dem Webband am Kopftuchvorderteil annähen.
Für die Augen Vliesofix auf die linke Seite des schwarzen Baumwollstoffs bügeln und zwei Kreise mit ø 1,2 cm zuschneiden. Die Augen auf das Gesicht bügeln und festnähen, den Mund mit roter Nähseide aufsticken. Die Wangen und die Lichtpunkte in den Augen aufmalen und gemäß Herstellerangaben fixieren.

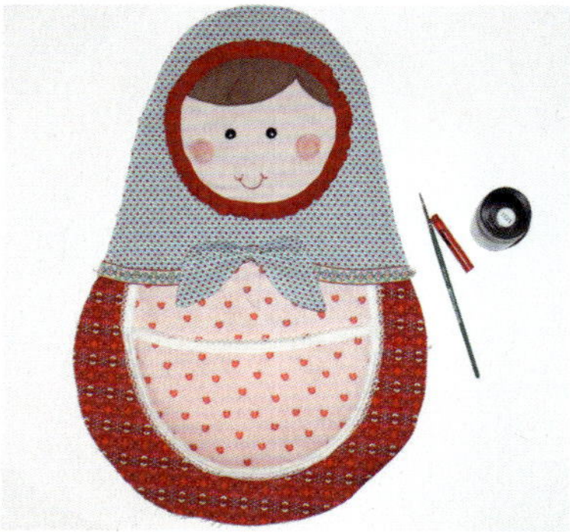

5 Für die Knöpfe einen Kreis mit ø 2,2 cm aus Stoff B und einen Kreis mit 3,2 cm ø aus Stoff A ausschneiden. Die Knopfoberteile jeweils mit Textilkleber bestreichen und kurz antrocknen lassen. Dann die Stoffkreise jeweils mittig auf die Knopfoberteile legen und vorsichtig festdrücken. Die Außenkanten der Stoffkreise zur Rückseite ziehen und Knopfober- und -unterteil zusammendrücken. Den großen Knopf auf der Kopftuchschleife annähen.

6 Die Seitenstreifen an den Schmalseiten rechts auf rechts zu einem Kreis zusammennähen. Die Nahtzugaben auseinanderbügeln und über den Nähten jeweils ein Webbandstück festnähen.

7 An der Vorderseite rundum am Rand Stylefix anbringen und das Paspelband damit fixieren, die offene Seite des Bands zeigt dabei nach außen. Den Seitenstreifen passend rechts auf rechts an das Vorderteil stecken, sodass die Webbänder jeweils aufeinandertreffen, und die Teile zusammennähen.

8 Auch am Rückenteil Paspelband anbringen und den Seitenstreifen annähen, dabei aber die Wendeöffnung offen lassen.

9 Die Matroschka wenden und mit Füllwatte ausstopfen. Die Wendeöffnung von Hand schließen.

10 Für die kleine Matroschka Schürze, Gesicht und Haare mit Vliesofix auf die Körpervorderseite bügeln, das Einfassband mit Stylefix am Außenrand der Schürze fixieren, das Kopftuchvorderteil feststecken und alle Teile festnähen. Die Haarunterkante wieder mit Zickzackstichen annähen. Das Kopftuchrückenteil entsprechend auf die Körperrückseite nähen.

11 Das Gesicht mit Stoffmalfarbe aufmalen. Auf der Vorderseite an der Unterkante des Kopftuchs das Pomponband annähen. Vorder- und Rückenteil rechts auf rechts bis auf die Wendeöffnung zusammennähen, die Nahtzugaben an den Rundungen einschneiden. Die Matroschka wenden und mit Füllwatte ausstopfen. Die Wendeöffnung von Hand schließen und den kleinen Knopf vorne mittig unter dem Kopftuch annähen.

Weihnachtskugeln mit Glitzerfolie

leuchtende Augen garantiert

SCHWIERIGKEITSGRAD 1

GRÖSSE
Durchmesser 12,5 cm

MATERIAL FÜR 5 KUGELN

- Modellierfilz in Weiß, 30 cm x 45 cm
- Stoff A in Silber, beschichtet, 65 cm x 15 cm
- Baumwollstoff B in Rosa mit Glitzersternen, 50 cm x 10 cm
- Glitzer in Silber, irisierend
- Tischdeckenfolie in Transparent, 50 cm x 10 cm
- Spitzenband in Rosa, 1,2 cm breit, 1,5 m
- Volumenvlies H 630, 50 cm x 10 cm
- Bindfaden in Rosa
- Stylefix
- Alleskleber

SCHNITTMUSTERBOGEN 2A

1 Auf die linke Seite des Stoffs B das Volumenvlies aufbügeln. Dann aus der Tischdeckenfolie und Stoff B je fünf Kreise zuschneiden.
Jeweils etwas Glitzer auf die Baumwollstoffkreise streuen. Die Kreisränder mit Alleskleber bestreichen und die Folienkreise passend aufkleben. Trocknen lassen, dann die Kreise rundum absteppen.

2 Jetzt die Rahmen aus dem beschichteten Silberstoff A zuschneiden und mit Stylefix links auf rechts auf die Kreise kleben, sodass der Ausschnitt mittig auf dem Kreis sitzt. Aus dem Modellierfilz fünf Rechtecke à 15 cm x 13 cm zuschneiden und unter den Kugeln fixieren. Die Ränder der Silberahmen jeweils außen und innen mit weißer Nähseide absteppen. Dann den Modellierfilz bis auf 0,3 cm Überstand rundum zurückschneiden.

3 Das Spitzenband in 30 cm lange Stücke teilen, zu Schleifen binden und oben an den Kugeln annähen. Die Kugeln oben mittig mit der Nähnadel durchstechen und eine Schlaufe aus rosafarbenem Bindfaden zum Aufhängen anbringen, siehe auch Markierung im Schnitt.

LED-Lichter für den Advent

erst eins, dann zwei...

SCHWIERIGKEITS-GRAD 1

GRÖSSE
15 cm

MATERIAL FÜR 4 LICHTER

- Stickfilz in Weiß, 40 cm x 35 cm
- Baumwollstoff in Weiß mit goldenen Tropfen, 40 cm x 15 cm
- SnapPap effect in Gold, 20 cm x 10 cm
- 4 LED-Teelichter, ø 4,5 cm
- Kordel in Natur, ø 0,3 cm, 80 cm
- Vliesofix, 40 cm x 15 cm
- Stylefix

SCHNITTMUSTER-BOGEN 2A

1 Das Vliesofix mit der Papierseite nach oben über die Vorlagen legen und vier Kerzen dicht nebeneinander aufzeichnen. Die Kerzen grob ausschneiden und auf die linke Seite des Baumwollstoffs bügeln. Dann die Kerzen exakt ausschneiden. Je vier Flammen und die Zahlen aus SnapPap zuschneiden. Den Stickfilz doppelt legen, mit dem Trickmarker den Untergrund viermal aufzeichnen und in doppelter Stofflage ausschneiden.

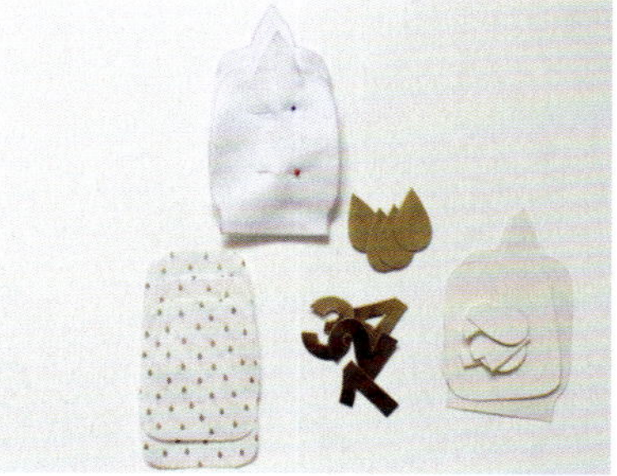

2 Die Kerzen jeweils mittig auf einen Untergrund bügeln und die Konturen mit brauner Nähseide nachnähen. Dann die Flammen und die Zahlen mit Stylefix aufkleben, siehe Foto.

3 Jetzt die Konturen der Flammen und Zahlen mit weißer Nähseide nachnähen und den Docht mit brauner Nähseide und einem Dreifachstich aufsticken. Vorder- und Rückenteil der Untergründe deckungsgleich links auf links aufeinanderlegen und rundum bis auf den unteren Rand knappkantig zusammennähen.

4 Die Kordel in vier Teile à 20 cm teilen und zu Schleifen binden. Diese, wie auf dem Foto zu sehen und im Schnitt markiert, rechts unten auf die Vorderseiten der Kerzen nähen. Die LED-Lichter einsetzen und die Kerzen damit beleuchten.

HINWEIS: Verwenden Sie zum Beleuchten ausschließlich LED-Teelichter!

Weihnachtskugeln

eine runde Sache

SCHWIERIGKEITS-GRAD 2

GRÖSSE

Durchmesser ca. 11 cm

MATERIAL FÜR 1 KUGEL

- Je Kugel zwei verschiedene Stoffe A und B, z. B. Baumwollstoff in Rosa mit goldenen Tupfen, in Schilf mit goldenen Tupfen, in Rosa mit Goldstreifen oder in Weiß mit goldenen Tupfen,
  Stoff A: 20 cm x 30 cm,
  Stoff B: 20 cm x 35 cm
- Spitzenband in Schilf, 1 cm breit, 35 cm
- Satinband in Schilf, 0,3 cm breit, 40 cm
- 1 runder Luftballon
- Lineal
- Trickmarker

SCHNITTMUSTER-BOGEN 1A

1 Aus den Stoffen A und B die Seitenteile der Hülle je dreimal zuschneiden. Das Sechseck aus Stoff B ebenfalls dreimal zuschneiden.

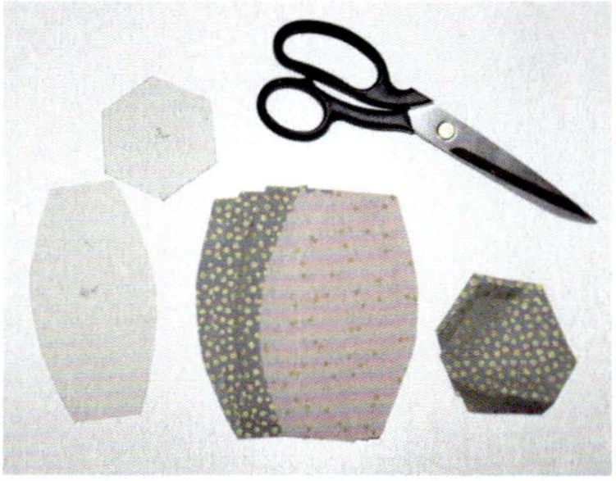

2 Die Seitenteile aus Stoff A und B abwechselnd an den Längsseiten rechts auf rechts zusammennähen, dabei einen kleinen Geradstich oder Dreifachstich verwenden und 0,5 cm breit nähen. Die Nähte beginnen und enden jeweils 0,5 cm von der Kante entfernt. Nahtanfang und -ende verriegeln. Nacheinander alle Seitenteile zusammennähen, sodass mit der letzten Naht eine Art Schlauch entsteht.

3 Jetzt wird die Öffnung genäht, in die später der Luftballon gesteckt wird. Dafür zwei Sechsecke rechts auf rechts und deckungsgleich aufeinanderlegen. Das Lineal so anlegen, dass es zwei gegenüberliegende Ecken verbindet, und mit dem Trickmarker von den Ecken zwei Linien von 2,5 cm in Richtung Mitte anzeichnen. Diese Linien mit einem Geradstich abnähen, dabei gut verriegeln. Dann die Sechsecke auseinanderklappen und bügeln, sodass die Öffnung in der Mitte liegt.

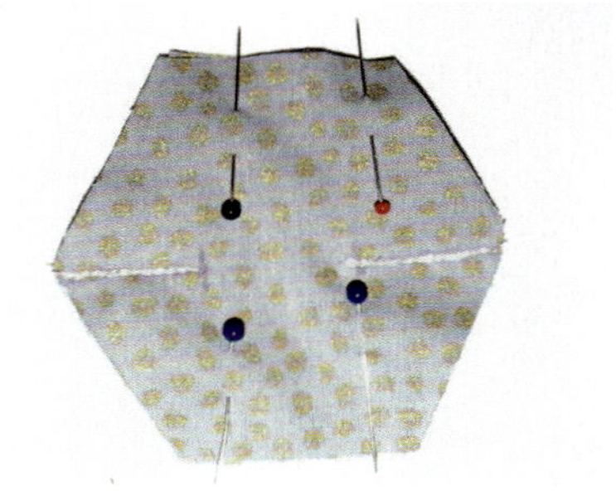

4 Den Schlauch mit den Sechsecken verschließen. Dafür das einzelne Sechseck rechts auf rechts an ein Schlauchende stecken und mit 0,5 cm Nahtzugabe Kante für Kante annähen. Dabei beginnen und enden die Nähte wieder 0,5 cm von der Kante entfernt. Die Nahtzugabe etwas zurückschneiden und die Ecken vor der Naht abschneiden. Das doppelte Sechseck mit Öffnung entsprechend an das andere Ende des Schlauchs nähen. Dann die Hülle durch die Öffnung des Sechsecks wenden

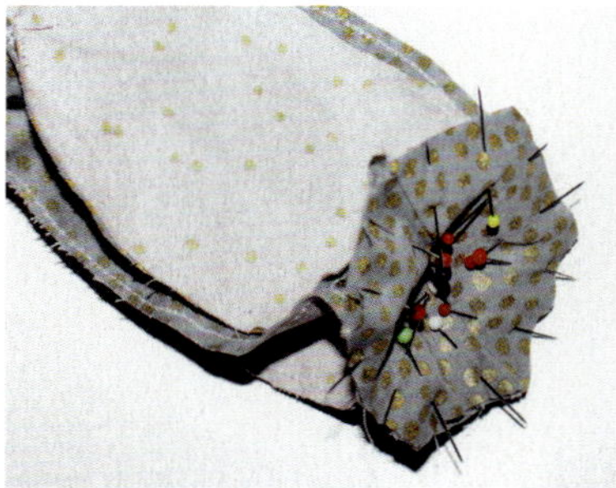

5 Jetzt den Luftballon in die Öffnung stecken, aufpusten und mit einem Knoten verschließen. Das Spitzenband zu einer Doppelschleife legen und in der Mitte mit dem zur Hälfte gefalteten Satinband fixieren. Die Schleife an den Luftballonknoten binden.

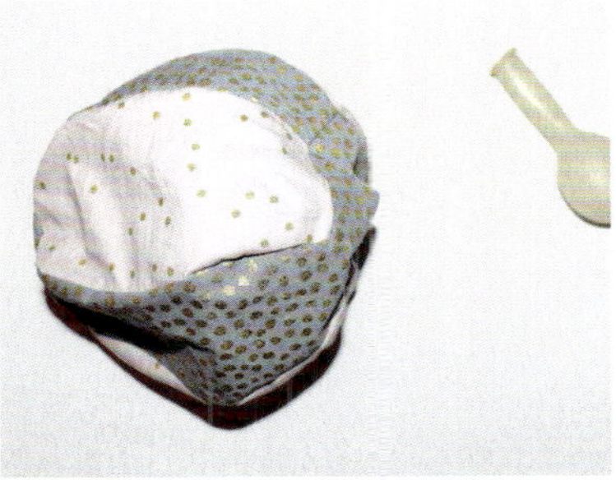

Schneemänner

herzerwärmende Gesellen

SCHWIERIGKEITSGRAD 2

GRÖSSE
45 cm

MATERIAL

- Fleece A in Cremeweiß, 80 cm x 45 cm
- Stoff B in Mint mit Strickmuster für die Zipfelmütze, 25 cm x 30 cm
- Jersey C in Türkis mit großen Punkten in Petrol für die Pudelmütze, 15 cm x 30 cm
- Jersey D in Petrol für den Schal, 50 cm x 10 cm
- Jersey E in Türkis mit kleinen Punkten in Petrol für das Tuch, 40 cm x 20 cm
- Halbpanama F in Natur mit weißen Punkten, 20 cm x 15 cm
- 2 Holzknöpfe in Natur, ø 2 cm
- 4 Pompons in Weiß, ø 1,5 cm
- Pomponborte in Weiß, 1 cm breit, 90 cm
- Paketschnur in Braun, ø 0,3 cm, 25 cm
- Rest SnapPap Plus in Braun
- Stickgarn in Schwarz
- 4 Holzperlen in Schwarz, ø 0,8 cm
- ca. 250 g Füllwatte
- Stylefix
- Trickmarker
- Textil- oder Alleskleber

SCHNITTMUSTER-BOGEN 1B

1 Das Fleece rechts auf rechts zur Hälfte legen. Körper 1 und 2 und den Boden je einmal, den Arm zweimal aufzeichnen. Die Teile zusammenstecken und in doppelter Stofflage ausschneiden.

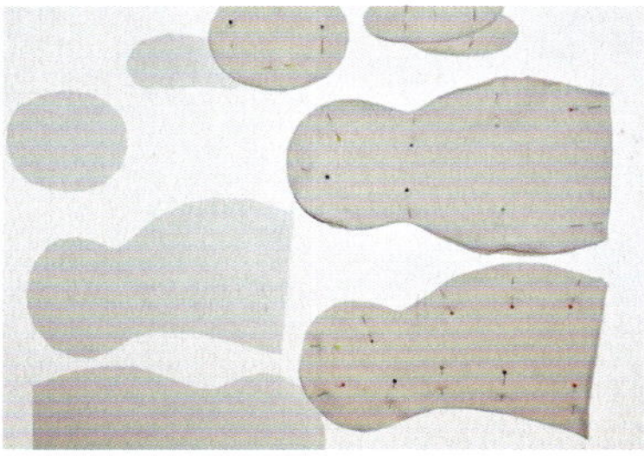

2 Die Körperteile mit 0,5 cm Nahtzugabe zusammennähen, die untere Seite bleibt offen. Jetzt den Boden rechts auf rechts an die Unterseite stecken und rundum bis auf die Wendeöffnung annähen.

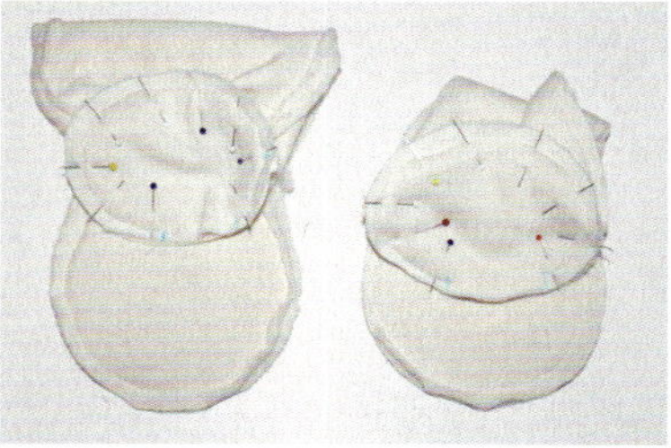

3 Die Körper wenden und mit Füllwatte ausstopfen. Die Wendeöffnungen am Boden jeweils von Hand schließen.

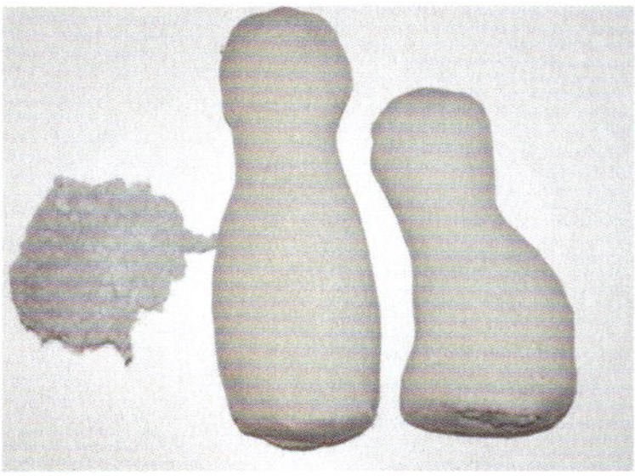

4 Die Arme jeweils rundum bis auf die Wendeöffnung rechts auf rechts zusammennähen, wenden und bügeln. Mit Füllwatte füllen und die Wendeöffnung von Hand schließen.

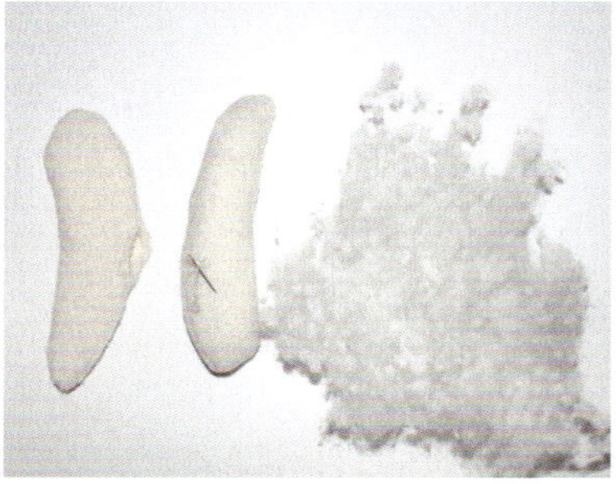

5 Die Zipfelmütze aus Jersey B zuschneiden. Für die Pudelmütze aus Jerseystoff C ein Rechteck à 29 cm x 14,5 cm zuschneiden. Für die Fransen der Pudelmütze das Rechteck an der oberen Längskante jeweils in 0,8 cm großen Abständen 2 cm tief einschneiden. An den unteren Mützenrändern jeweils Stylefix auf die rechte Seite kleben, damit passende Stücke der Pomponborte fixieren und anschließend festnähen.

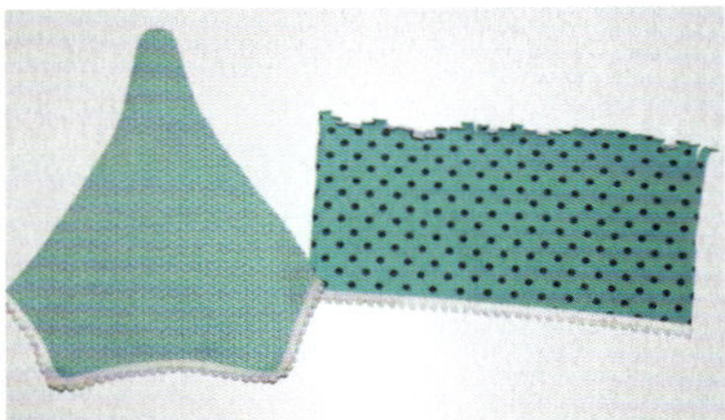

6 Die Seitennähte der Mützen jeweils rechts auf rechts schließen, dann die Mützen wenden und auf die Köpfe setzen. Die Mützen an der Unterkante jeweils von Hand rundum festnähen. Das obere Ende der Pudelmütze über dem Kopf mit dem Paketband zusammenbinden. An den Bandenden und seitlich an der Zipfelmütze mit Textil- oder Alleskleber die Pompons anbringen. Die Arme annähen, dabei an das obere Ende die Holzknöpfe nähen.

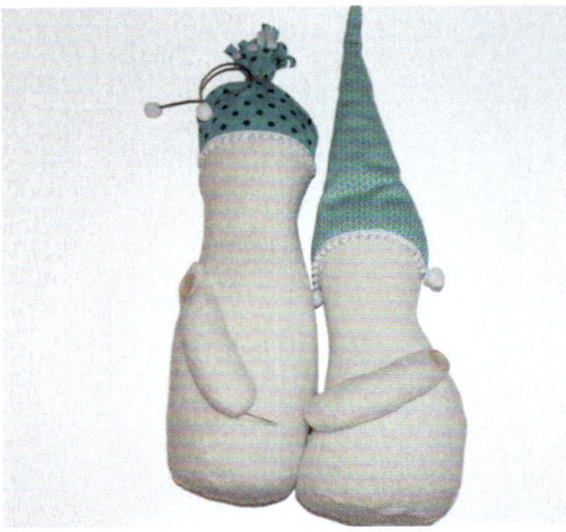

7 Für das Halstuch den Jerseystoff E rechts auf rechts legen (= 10 cm x 40 cm) und das Tuch mit einem Trickmarker aufzeichnen, in doppelter Stofflage ausschneiden und zusammenstecken. Für den Schal einen Streifen à 47 cm x 9 cm zuschneiden, mittig rechts auf rechts falten, sodass die Längskanten aufeinanderliegen, und zusammenstecken. Beides rundum 0,5 cm breit bis auf die Wendeöffnung zusammennähen, wenden und bügeln, die Nahtzugaben an den Wendeöffnungen dabei nach innen bügeln. Tuch und Schal rundum von der rechten Seite mit passendem Nähgarn absteppen und dann den Schneemännern umbinden.

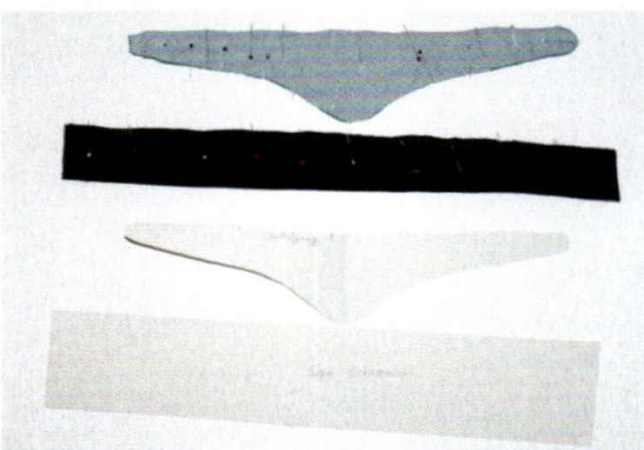

8 Die Nase zweimal aus SnapPap zuschneiden und mit Alleskleber tütenförmig zusammenkleben. Dann die Nasen mittig auf die Gesichter kleben. Die Holzperlen als Augen und den Mund mit schwarzem Stickgarn aufsticken.

9 Den Halbpanamastoff rechts auf rechts zur Hälfte legen, das Herz mit einem Trickmarker aufzeichnen und ausschneiden. Die Herzteile bis auf die Wendeöffnung rundum zusammennähen. Die Nahtzugaben an der Innenecke bis dicht an die Naht einschneiden, an der Außenecke schräg abschneiden und an den Rundungen ebenfalls bis dicht an die Naht einschneiden. Das Herz wenden und mit etwas Füllwatte ausstopfen. Die Wendeöffnung von Hand schließen.

10 Die beiden Schneemänner unter Schal und Tuch sowie in der Körpermitte und unten mit einigen Handstichen zusammennähen, die „Hände" seitlich am Herz festnähen.

Geschenkanhänger

jedem das Seine

SCHWIERIGKEITS-GRAD 1

GRÖSSE
11,5 cm x 7 cm

MATERIAL FÜR 5 ANHÄNGER

- SnapPap Plus in Hellbraun, 20 cm x 25 cm
- Modellierfilz in Weiß, 20 cm x 20 cm
- Rest Vliesofix
- Baumwollstoffreste, z. B. in Beige mit weißen Sternen, Beige/Weiß gestreift, Altrosé/Weiß kariert, Rosa mit rosafarbenen Glitzersternen, Altrosé mit weißen Sternen, Beige mit braunen Punkten, Altrosé mit weißen Punkten, Rosa mit rosafarbenen Glitzerpunkten
- Rest Teddyplüsch in Natur
- 5 Ösen in Gold, ø 0,8 cm
- Kordel in Natur, ø 0,3 cm, 1,5 m
- Kraftpapier in Braun, 20 cm x 20 cm
- Kopierpapier in Weiß, DIN A4
- Stylefix
- Alleskleber
- Lochzange
- Ösenzange
- Trickmarker

SCHNITTMUSTER-BOGEN 2B

1 Fünf Anhänger aus SnapPap und fünfmal die weiße Fläche aus Modellierfilz ausschneiden.

2 Das Vliesofix mit der Papierseite nach oben über die Vorlagen legen und die Motive aufzeichnen, dabei die Motive, die aus demselben Stoff zugeschnitten werden sollen, dicht nebeneinander zeichnen. Das Vliesofix für jeden Stoff grob zuschneiden, dann auf die linken Seiten der entsprechenden Stoffe bügeln. Anschließend die Motive exakt ausschneiden und auf die weißen Flächen bügeln. Die Linien mit dem Trickmarker aufzeichnen. Die Konturen der Teile und die Linien mit schwarzem Garn nachnähen. Die Modellierfilzteile mit Stylefix auf dem SnapPap mittig befestigen und rundum festnähen. Die Ösen wie eingezeichnet oben am Geschenkanhänger mittig mit der Ösenzange anbringen.

3 Aus dem Kraftpapier die Anhänger fünfmal zuschneiden und oben in der Mitte mit der Lochzange ein 0,5 cm großes Loch stanzen. Kleine Grußbotschaften ausdrucken und fünfmal in der Größe der weißen Fläche ausschneiden oder die weißen Flächen aus Papier ausschneiden und mit der Hand beschriften. Die Papierflächen auf die Kraftpapieranhänger kleben. Die Kordel in fünf gleiche Teile schneiden und jeweils einen SnapPap-Anhänger und einen aus Kraftpapier auffädeln.

Geschenkesäcke

eine rundum gelungene Verpackung

SCHWIERIGKEITSGRAD 2

GRÖSSE
ca. 37 cm x 20 cm

MATERIAL FÜR 2 GESCHENKESÄCKE

- Halbpanama A in Rot mit Herzen oder in Beige-Rot mit Elchmuster, je 100 cm x 65 cm
- Halbpanama B in Beige mit Punkten, 95 cm x 105 cm
- Baumwollstoff C in Rot-Weiß kariert, 110 cm x 105 cm
- Volumenvlies H 630, 90 cm x 100 cm
- Baumwollfransenband in Beige, 1,5 cm breit, 1,9 m
- Kordel in Creme, ø 0,7 cm, 2,8 m Trickmarker

SCHNITTMUSTERBOGEN 1A

1 Aus Halbpanama A zweimal die Außentasche zuschneiden; aus Halbpanama B und Stoff C (Futter) je viermal den Geschenkesack.

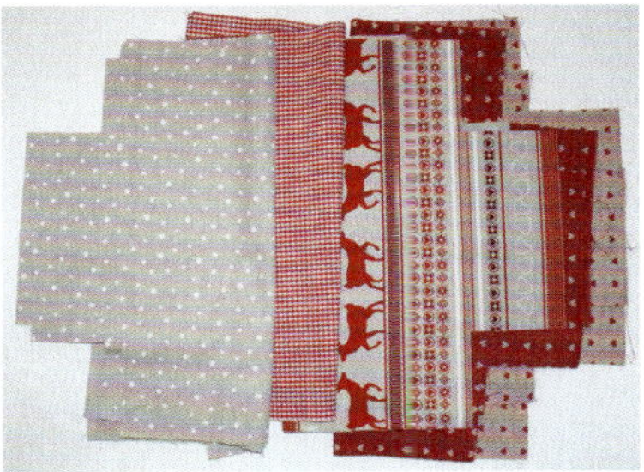

2 Aus dem Volumenvlies viermal den Geschenkesack zuschneiden und auf die linken Seiten der Futterteile bügeln.

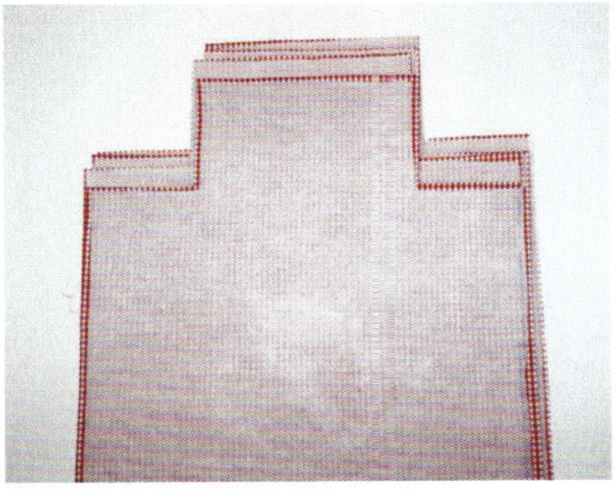

3 Die Außentaschen jeweils an der eingezeichneten Faltlinie links auf links zur Hälfte falten und bügeln. Jeweils ein Stück Fransenband von außen an die Bügelkante steppen.

4 Auf die Außentaschen mit einem Trickmarker in 15 cm breiten Abständen senkrechte Linien von der Bügelkante bis zur Bodenlasche aufzeichnen. Dann die Außentaschen passend auf die Geschenkesäcke aus Stoff B stecken und von der rechten Seite die aufgezeichneten Linien abnähen. Außerdem eine Quernaht am unteren Ende der Linien nähen (siehe Steppnaht im Schnitt), damit nichts in den Boden rutschen kann.

5 Für den Tunneldurchzug vier Streifen à 47 cm x 6 cm aus dem karierten Stoff C zuschneiden. Die kurzen Streifenenden jeweils zweimal je 1 cm nach links umbügeln und absteppen. Dann die Streifen jeweils links auf links zur Hälfte bügeln, sodass die Längskanten aufeinanderliegen. Die Streifen mit den offenen Kanten mittig an die Oberkanten der Geschenkesäcke stecken und festnähen.

6 Jeweils einen Geschenkesack und einen Futtersack am oberen Rand rechts auf rechts zusammenstecken und den Rand zusammennähen.

7 Die Teile auseinanderklappen und jeweils zwei zusammengesetzte Teile rechts auf rechts zusammenstecken. Dabei liegt Außenstoff auf Außenstoff und Futter auf Futter. Am Futter an einer Seite eine Wendeöffnung von 10 cm einzeichnen. Die Säcke an den Seiten und unten jeweils bis auf die Wendeöffnung zusammennähen, die Ecken bleiben zunächst ebenfalls offen.

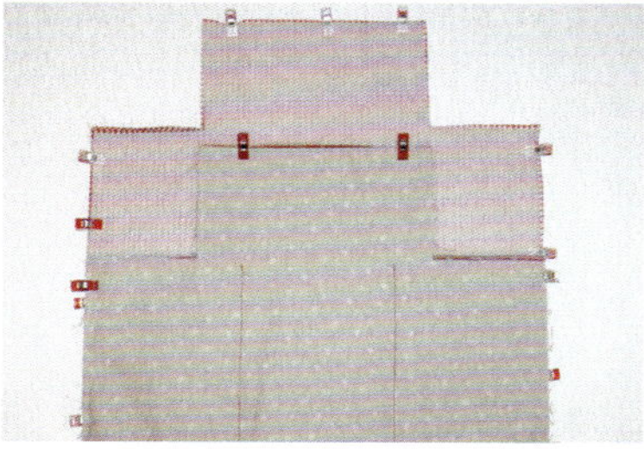

8 Dann die Stofflagen an den Ecken auseinanderziehen und so falten, dass Seiten- und Bodennaht jeweils aufeinanderliegen. Die offenen Kanten zusammennähen, dabei Anfang und Ende gut verriegeln.

9 Die Geschenkesäcke wenden. Die Nahtzugaben an den Wendeöffnungen nach innen bügeln und die Öffnungen von Hand oder mit der Maschine zunähen. Das Futter jeweils in den Außensack stecken.

10 Die Kordel in vier Teile à 70 cm schneiden und mithilfe einer Sicherheitsnadel jeweils zwei Kordelstücke durch die Tunnel eines Sacks ziehen, dabei mit der einen Kordel an der rechten Seite, mit der anderen Kordel an der linken Seite beginnen, sodass die Kordeln zwei gegenläufige Schlaufen bilden. Die Kordelenden jeweils verknoten.

Fröbelsterne

eine wunderbare Variante aus Stoff

SCHWIERIGKEITSGRAD 2

GRÖSSE
Durchmesser 10 cm

MATERIAL JE STERN

- Baumwollstoff in Rot/Weiß kariert oder in Rot mit Punkten, 20 cm x 30 cm
- Baumwollstoff in Creme mit roten Sternen oder in Creme/Rot kariert mit Herzen, 20 cm x 30 cm
- Astknopf, ø 1,5 cm
- Schaschlikstäbchen
- Aufhängefaden

1 Für jeden Fröbelstern aus zwei verschiedenen Baumwollstoffen je zwei Stoffrechtecke à 30 cm x 10 cm zuschneiden. Die Rechtecke jeweils links auf links zur Hälfte falten, sodass die Längskanten aufeinanderliegen, und bügeln. Die Rechtecke wieder auseinanderfalten und nun die Längskanten jeweils zur Mitte an die Bügellinie falten und erneut bügeln.

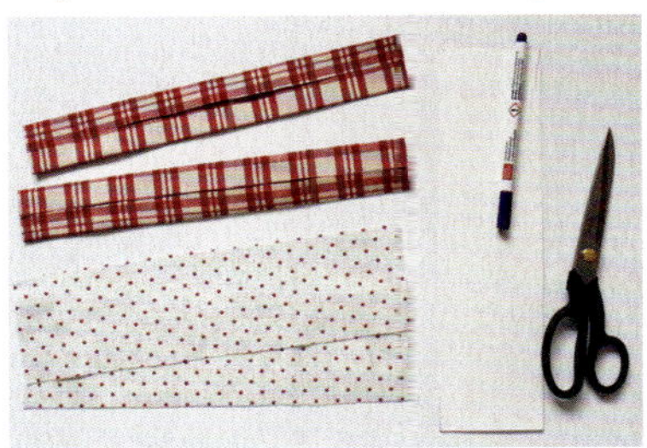

2 Die Streifen wieder in der Mitte zusammenfalten, sodass der Stoff vierfach liegt und die Streifen 2,5 cm breit sind. Dann den Streifen so falten und bügeln, wie auf dem Bild zu sehen, sodass ein Streifenende ca. 3 cm übersteht.

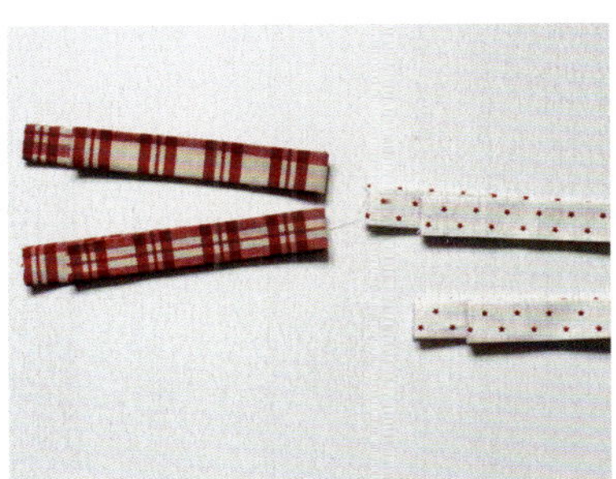

3 Die Streifen verweben, sodass in der Mitte ein Quadrat entsteht, dabei liegt jeweils das längere Streifenende oben und die Streifen werden jeweils ineinandergeschoben.

4 Die Streifen nach außen ziehen, sodass das Quadrat in der Mitte festgezogen wird.

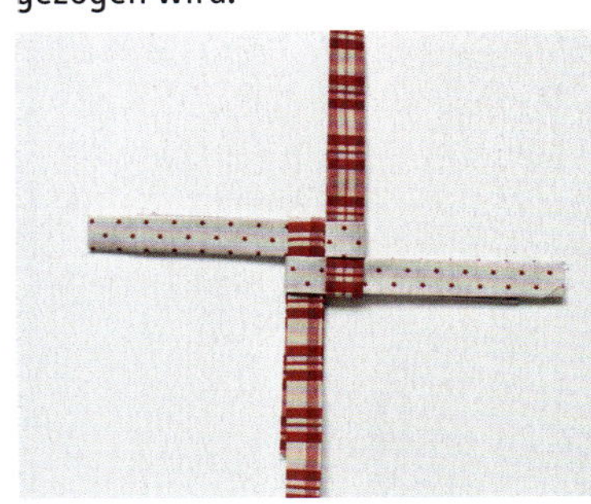

5 Jetzt oben rechts beginnen und die längeren Streifenenden jeweils im Uhrzeigersinn nach vorne falten. Das Ende vom letzten Streifen unter dem ersten gefalteten Streifen durchziehen und alle Streifen anziehen, sodass ein zweites Quadrat über dem ersten Quadrat entsteht.

6 Jetzt werden die kürzeren Streifenenden gefaltet. Oben links beginnen und den Streifen im 90° Winkel nach vorne zur linken Seite klappen. Dann nochmal falten, sodass eine Spitze entsteht.

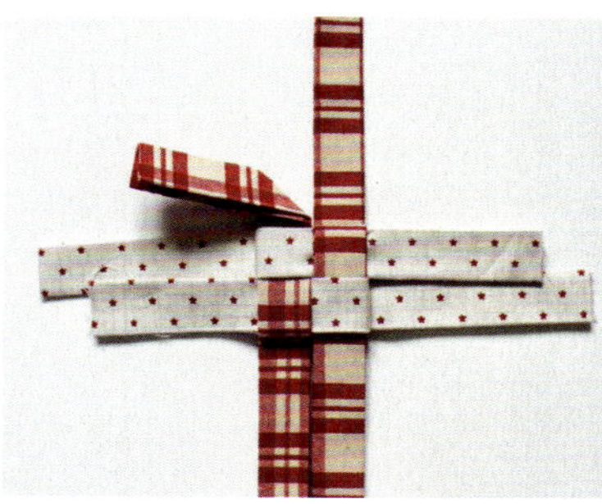

7 Die Spitze nach innen zur Hälfte falten und das Streifenende durch die Lasche des oberen Quadrats ziehen.

8 So aus allen kürzeren Streifenenden Spitzen falten.

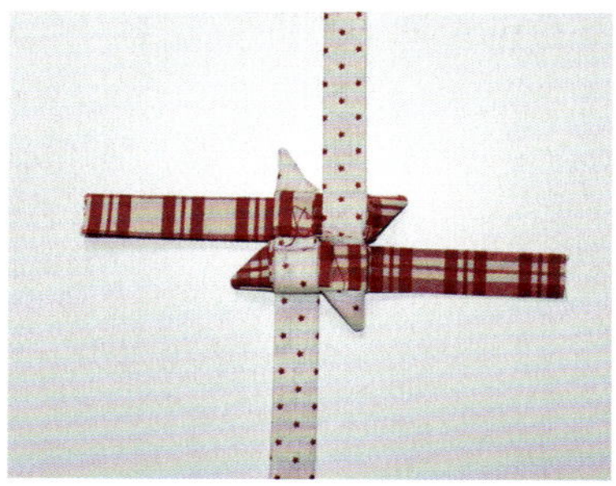

9 Die kürzeren Streifenenden etwas abschneiden. Mithilfe eines Schaschlikstäbchens Textilkleber unter den Laschen auftragen und so die Streifenenden festkleben.

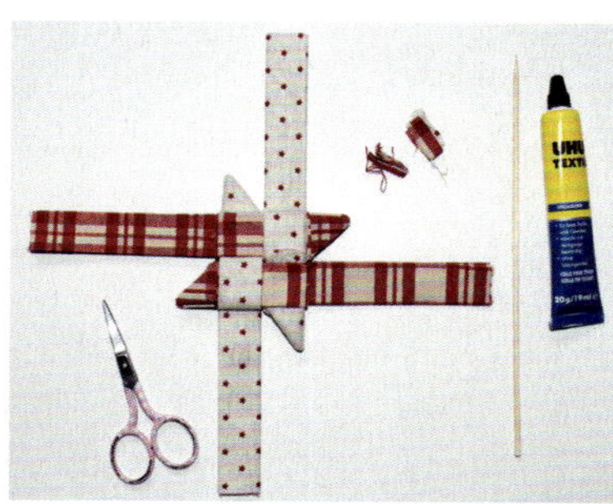

10 Die Sterne umdrehen und auf der Rückseite die Streifenenden genauso falten. Auch hier die Enden abschneiden und ankleben. Mit Nadel und Faden die Astknöpfe mittig aufnähen und zwischen zwei Spitzen den Faden für die Sternaufhängung anbringen.

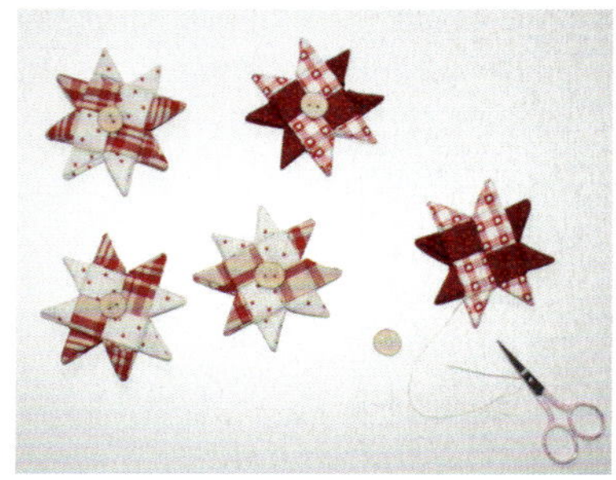

MEIN TIPP FÜR SIE

Hängen Sie mehrere Sterne in verschiedenen Höhen an einen Naturast und Sie haben eine wunderschöne Deko für die Vorweihnachtszeit.

Wichtelkissen

alle Schätze gut bewacht

1 Aus Stoff A je einmal die Kissenvorderseite und die Kissenrückseiten 1 und 2 zuschneiden, aus Stoff E einmal die Tasche im Stoffbruch.

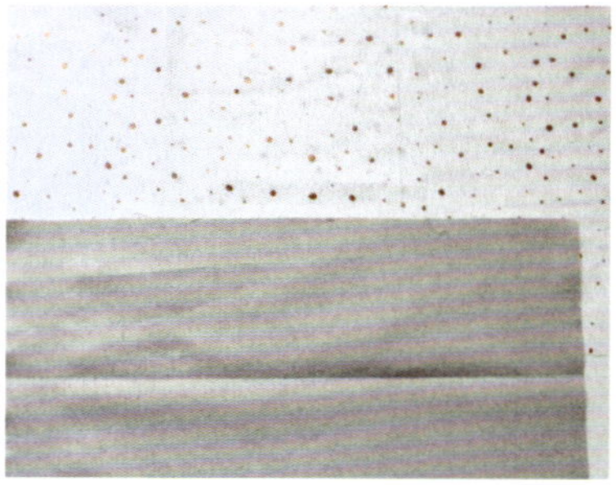

2 Die Tasche links auf links zur Hälfte bügeln, sodass die Längskanten aufeinanderliegen. 1 cm vom oberen Rand (= Bügelkante) entfernt mit Stylefix das Spitzenband aufkleben und dann festnähen.

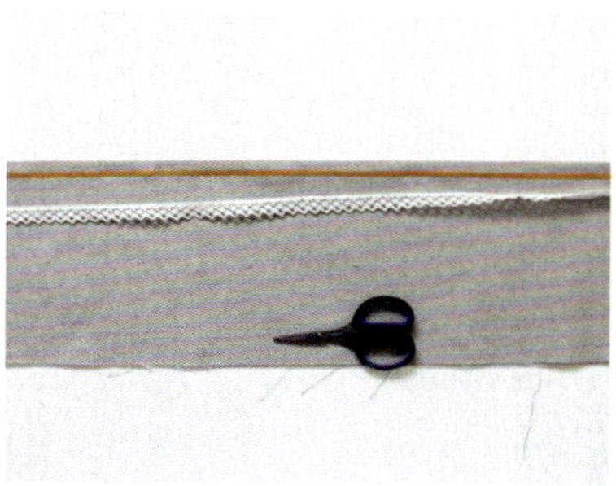

3 Das Vliesofix mit der Papierseite nach oben über die Vorlage legen und zweimal die gespiegelte Mütze sowie viermal die Hände jeweils dicht nebeneinander aufzeichnen. Die Mützen und Hände jeweils zusammen grob ausschneiden und auf die linken Seiten der Stoffe bügeln, Mützen auf Stoff B, Hände auf Stoff C. Dann die Teile exakt ausschneiden. Den Bart zweimal aus Teddyplüsch zuschneiden. Die Buchstaben entweder aus der Kupferfolie plotten oder mithilfe der Vorlage ausschneiden.

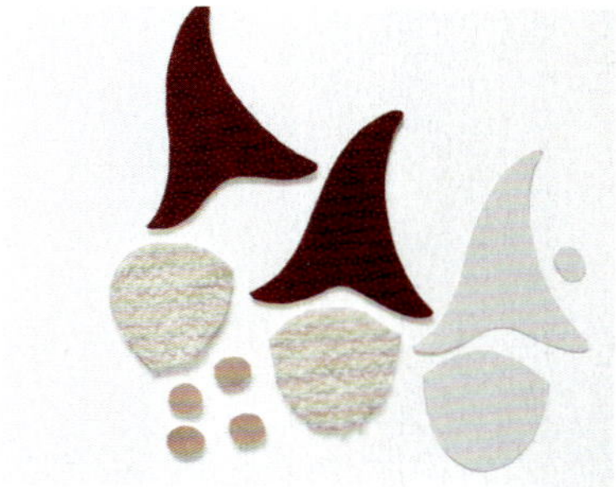

4 Zuerst die Bärte auf die Kissenvorderseite stecken und rundum mit Zickzackstichen festnähen, dann die Mützen darüber aufbügeln und ebenfalls festnähen, wie auf dem Foto bzw. der Vorlage zu sehen. Die Hände entsprechend auf die Kissentasche bügeln und nähen sowie die Buchstaben aufbügeln. Die Tasche links auf rechts an die Unterkante der Kissenvorderseite stecken und seitlich und unten knappkantig annähen. In der Mitte der Tasche zur Unterteilung eine senkrechte Naht nähen, siehe Schnitt. Die Filzkugeln jeweils als Nase zwischen Mütze und Bart von Hand nähen.

5 Die Kissenrückseiten jeweils an einer 32 cm langen Seite zweimal je 2 cm breit nach links umbügeln und beide Kanten der so entstandenen Blende knapp absteppen. Die Kissenrückseiten links auf rechts so weit übereinanderlegen, dass die Breite der Kissenvorderseite entspricht. Vorder- und Rückseite rechts auf rechts zusammenstecken und das Kissen rundum zusammennähen, falls vorhanden mit einer Overlockmaschine. An der Nähmaschine einen Stich wählen, der den Kissenrand auch versäubert. Das Kissen wenden und das Inlett in das Kissen stecken.

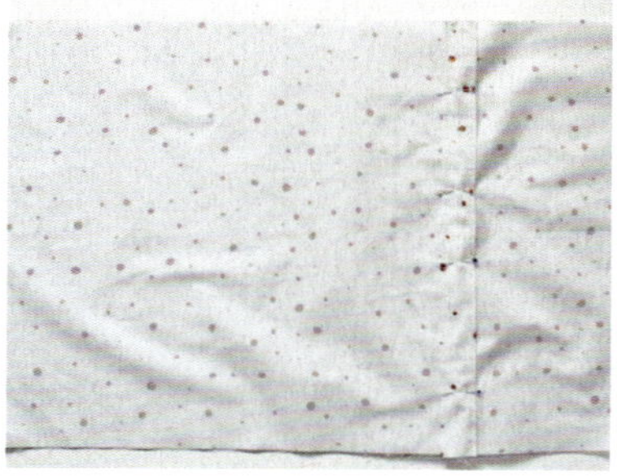

HINWEIS: Die Plottermotive finden Sie in der Digitalen Bibliothek.

SCHWIERIGKEITS-GRAD 2

GRÖSSE
30 cm x 50 cm

MATERIAL
- Baumwollstoff A in Weiß mit kupferfarbenen Tupfen, 130 cm x 35 cm
- Baumwollstoff B in Rot mit Tupfen, 30 cm x 20 cm
- Rest Baumwollstoff C in Hautfarbe
- Teddyplüsch D in Natur, 25 cm x 15 cm
- Baumwoll-Leinenstoff E in Natur, 55 cm x 35 cm
- Kissen-Inlett, 30 cm x 50 cm
- Spitzenband in Creme, 1,3 cm breit, 52 cm
- Plotter-Bügelfolie in Kupfer, glitzernd, 30 cm x 20 cm
- Vliesofix, 45 cm x 15 cm
- 2 Filzkugeln in Apricot, ø 2 cm
- Stylefix

SCHNITTMUSTER-BOGEN 1B

SCHÜRZE

SCHWIERIGKEITSGRAD 2

GRÖSSE

ca. 33 x 43 cm (ohne Band)

MATERIAL

- Baumwollstoff A in Altrosé mit weißen Punkten, 50 cm x 70 cm
- Baumwollstoff B in Altrosé/Weiß kariert, 140 cm x 60 cm
- Zackenlitze in Weiß, 0,7 cm breit, 45 cm
- Spitzenband, 1,3 cm breit, 1 m
- Baumwollstoffreste in Beige mit weißen Punkten (C), in Beige mit braunen Punkten (D), in Rosa mit rosafarbenen Glitzerpunkten (E)
- Rest Stickfilz in Weiß (F)
- Vliesofix, 15 cm x 20 cm
- Stylefix

Für die Weihnachtsbäckerei

schicke Grundausstattung

TOPFLAPPEN

SCHWIERIGKEITSGRAD 2

GRÖSSE
ca. 25 cm x 17 cm

MATERIAL FÜR 2 TOPFLAPPEN

- Baumwollstoff A in Altrosé/Weiß kariert, 80 cm x 20 cm
- Baumwollstoff B in Altrosé mit Punkten, 80 cm x 30 cm
- Thermolam, 90 cm x 40 cm
- Schrägband in Hellgrau mit weißen Tupfen, 2 cm breit, 2 m
- Baumwollstoffreste in Braun mit weißen Punkten (C), in Beige mit braunen Punkten (D), in Rosa mit rosafarbenen Glitzerpunkten (E)
- Rest Stickvlies in Weiß (F)
- Vliesofix, 40 cm x 10 cm

SCHNITTMUSTERBOGEN 2B

Schürze

1 Die Schürze zweimal aus Stoff A, die Tasche zweimal im schrägen Fadenlauf aus Stoff B zuschneiden. Für das Schürzenband einen Streifen à 140 cm x 14 cm aus Stoff B zuschneiden. Das Vliesofix mit der Papierseite nach oben über die Vorlagen legen und die Motive aufzeichnen. Hierfür sind die Vorlagen bereits gespiegelt. Die Vliesofixteile grob zuschneiden, dann auf die linken Seiten der entsprechenden Stoffe bügeln, die Motive exakt ausschneiden ...

2 ... und, wie auf dem Foto zu sehen, seitlich auf ein Taschenteil bügeln. Dabei zuerst den Muffin und dann darüber das Papierförmchen und die Sahnehaube bügeln und zum Schluss das Herz ergänzen. Die Linien mit dem Trickmarker aufzeichnen. Die Konturen der Teile und die Linien in passenden Farben nachnähen, siehe Foto.

3 Die Taschenteile rechts auf rechts legen und an der Oberkante zusammennähen. Die Nahtzugaben an der Rundung in kleinen Abständen bis dicht an die Naht einschneiden und an der Ecke schräg abschneiden. Die Tasche wenden und bügeln. 1 cm unter dem oberen Taschenrand mit Stylefix die Zackenlitze aufkleben, dabei die Litze an den Seiten etwas überstehen lassen. Dann die Litze festnähen.
Die Schürzentasche links auf rechts auf ein Schürzenteil stecken. Die Tasche entlang der äußeren Rundung knappkantig aufnähen. In der Mitte, von der Taschenspitze senkrecht nach unten, für die Unterteilung der Tasche ebenfalls eine Naht nähen, siehe Schnitt, dabei das obere Nahtende gut verriegeln.

4 Nun die beiden Schürzenteile rechts auf rechts stecken, die Tasche liegt dabei in der Mitte dazwischen, und seitlich und unten zusammennähen. Die Nahtzugaben entlang der Rundung in kleinen Abständen bis dicht an die Naht einschneiden. Die Schürze über die obere, offene Seite wenden und bügeln.

5 Rundum die Schürze das Spitzenband mit Stylefix aufkleben und festnähen.

6 Das Bindeband für die Schürze rechts auf rechts zur Hälfte legen, sodass die Längskanten aufeinanderliegen. Die Enden jeweils im 45°-Winkel abschrägen. Dann das Band noch einmal zur Hälfte falten, sodass die Enden ebenfalls aufeinanderliegen. An der gefalteten Seite (= Bandmitte) das zur Hälfte gefaltete Schnittmuster für die Schürze anlegen und die Breite anzeichnen. Dann das Band wieder auf die volle Länge ausklappen und die Längskanten bis auf das angezeichnete Stück zusammennähen. Die Bandenden wenden und die Kanten ausformen und bügeln. Die Nahtzugaben am offenen Stück in der Mitte nach innen bügeln.

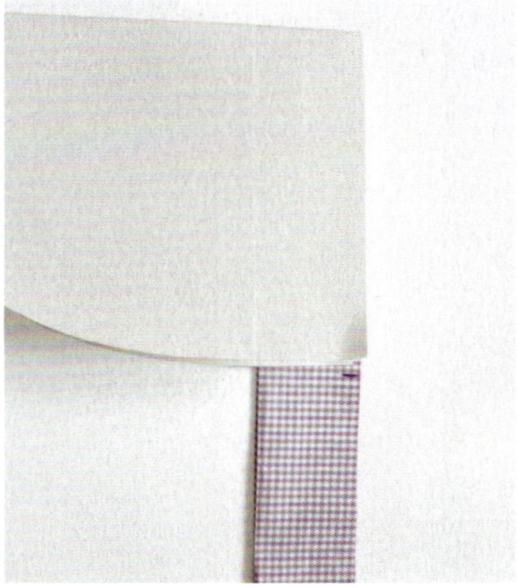

7 Die Schürze 1 cm weit in die Öffnung am Band schieben, feststecken und das Band rundum knappkantig abnähen.

Topflappen

1 Für zwei Topflappen vier Herzen aus Stoff B und vier halbe Herzen aus Stoff A zuschneiden. Aus Thermolam vier ganze Herzen und zwei halbe Herzen zuschneiden.

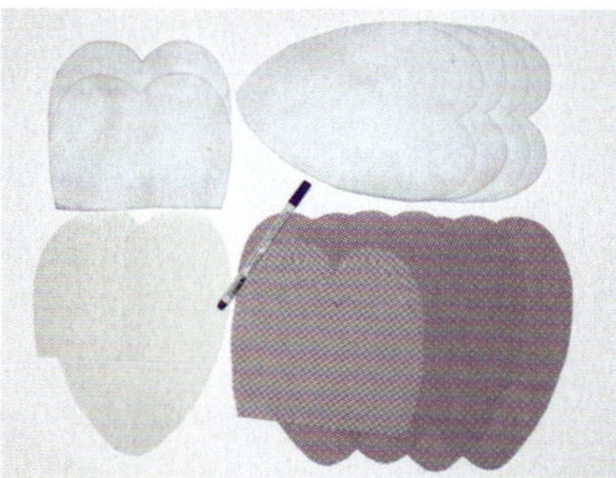

2 Das Vliesofix mit der Papierseite nach oben über die Vorlagen legen und die Motive aufzeichnen. Das Vliesofix für jeden Stoff grob zuschneiden, dann auf die linken Seiten bügeln. Die Motive exakt ausschneiden gemäß Abb. auf die halben Herzen bügeln. Zuerst den Muffin, dann das Papierförmchen und die Sahnehaube und zum Schluss das Herz aufbügeln. Die Linien mit dem Trickmarker aufzeichnen. Die Konturen der Teile und die Linien in passenden Farben mit Gerad- oder Zickzackstichen nachnähen.

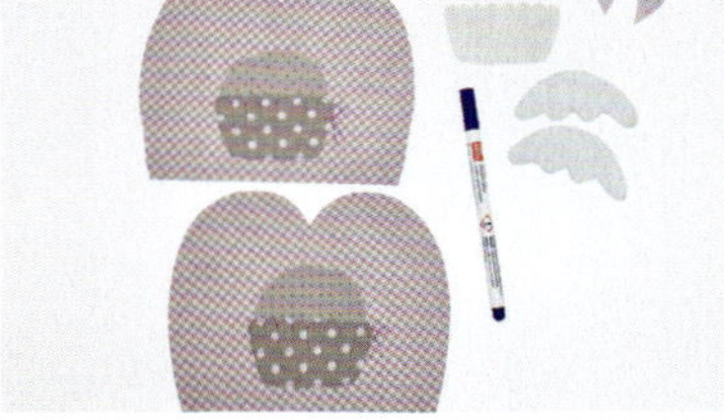

3 Je ein halbes Herz mit Motiv und eins ohne links auf links aufeinanderlegen, dazwischen eine Lage Thermolam feststecken. Zwei Schrägbandstücke in der Breite eines halben Herzens abschneiden, die Stücke jeweils auffalten und rechts auf rechts an die gerade Kante der Rückseite (= Seite ohne Motiv) der halben Herzen stecken und im Falz annähen.
Dann das Schrägband zur Vorderseite klappen, wieder stecken und knappkantig festnähen.

4 Zwischen je zwei Herzen, deren rechte Seiten nach außen zeigen, zwei Lagen Thermolam legen und feststecken. Die Lagen an den Rändern jeweils rundum knappkantig zusammennähen. Die halben Herzen jeweils passend auflegen und ebenfalls – bis auf die mit Schrägband eingefasste Kante – knappkantig festnähen.

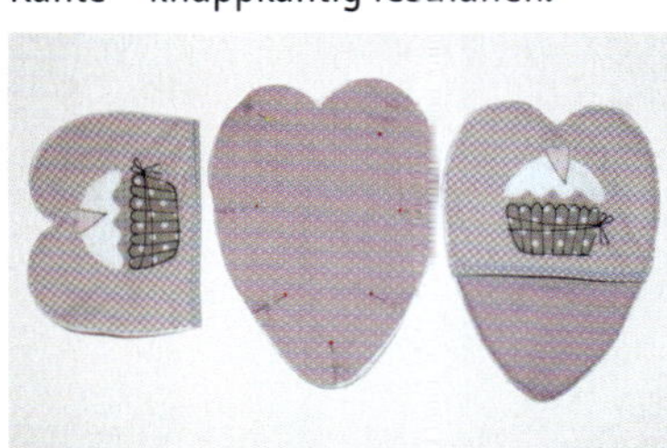

5 Vom restlichen Schrägband zwei Streifen à 12 cm abschneiden, diese Streifen für die Aufhänger vierfach falten und an beiden Kanten absteppen. Das restliche Schrägband in zwei gleiche Teile schneiden, auffalten und jeweils von der Rückseite rechts auf rechts um die Herzen stecken, dabei den Bandanfang jeweils schräg abschneiden, 0,5 cm breit nach links umbügeln und mit der längeren Kante an den Topflappen stecken. Das Bandende so feststecken, dass es den Anfang etwas überlappt. Das Schrägband rundum festnähen, dann zur Vorderseite klappen, feststecken, dabei an der oberen Spitze eine Falte legen, und alles rundum knappkantig feststeppen.
Die Aufhänger jeweils zur Schlaufe legen, dabei die Bandenden gegeneinander einschlagen und die Aufhänger so an der Rückseite der Topflappen festnähen.

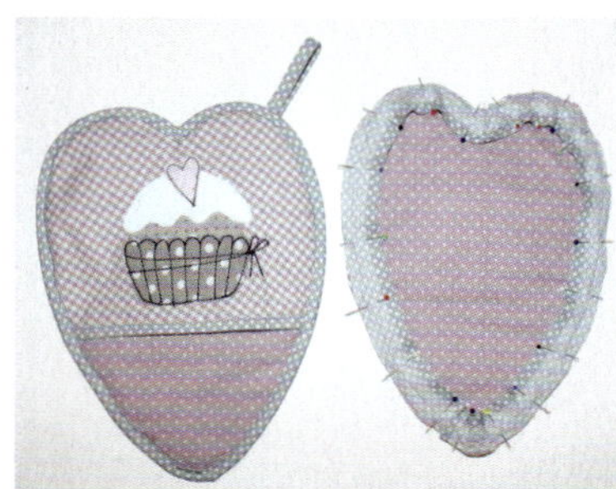

Wichtelkörbchen

liebevolle Verpackung

1 Die Innenseite je einmal aus Stoff A und aus Volumenvlies, die Außenseite einmal aus Stoff B, die Mütze einmal aus Stoff C und den Bart einmal aus Stoff D zuschneiden. Auf die linke Seite der Innenseite das Volumenvlies aufbügeln.

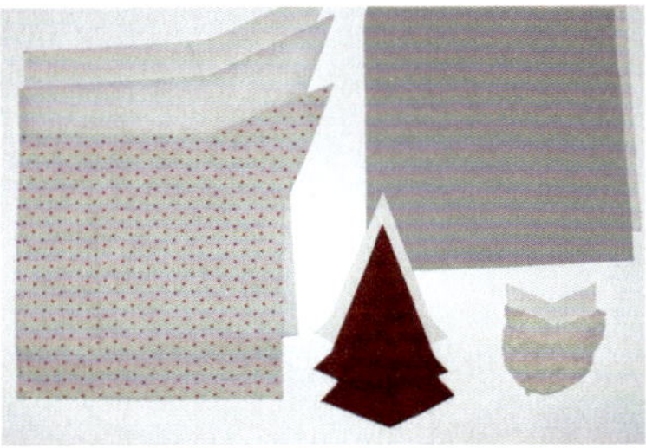

2 Zuerst den Bart, dann die Mütze passend auf die Außenseite stecken, sodass die Teile zusammen die Größe der Innenseite ergeben. Beide Teile mit passendem Nähgarn und einem Zickzackstich festnähen.

3 Innen- und Außenseite rechts auf rechts aufeinanderlegen, stecken und bis auf die Wendeöffnung zusammennähen. An den Ecken die Nahtzugaben jeweils bis dicht an die Naht schräg abschneiden, dann das Teil wenden und bügeln. Die Nahtzugaben an der Wendeöffnung nach innen bügeln. Die Kanten bis auf die Mütze rundum 0,5 cm breit absteppen. Die Mitte jeder Seite mit einem Trickmarker markieren, dabei die Mütze außer Acht lassen.

4 Die Markierung zu beiden Seiten der Mütze aufeinanderlegen und die Kante dort von Hand zusammennähen. An der gegenüberliegenden, hinteren Körbchenseite genauso verfahren.

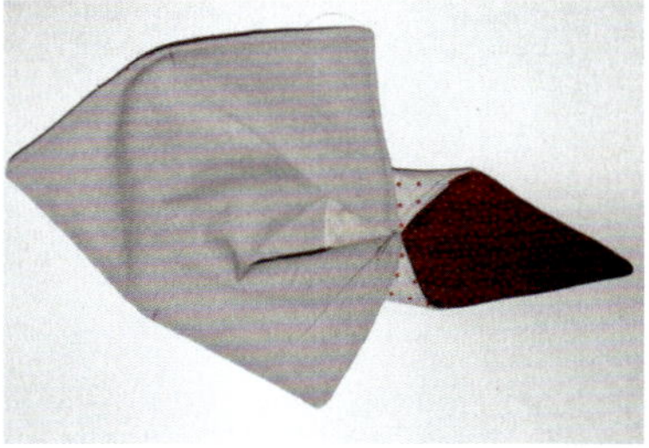

5 Zusätzlich alle Stellen, an denen die Kanten sich am oberen Körbchenrand kreuzen, von Hand mit ein paar Stichen fixieren.

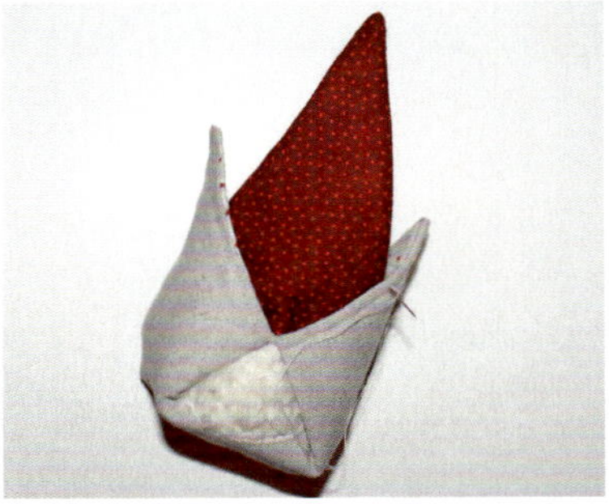

6 Die Filzkugel als Nase und das Glöckchen oben an der Mützenspitze annähen.

MEIN TIPP FÜR SIE:

Verwenden Sie das Körbchen als stimmungsvollen Adventskalender und füllen sie ihn mit 24 kleinen Gutscheinen.

SCHWIERIGKEITS-GRAD 2

GRÖSSE
ca. 10 cm x 10 cm x 20 cm

MATERIAL FÜR 1 KÖRBCHEN

- Baumwollstoff A in Natur mit roten Sternen, 35 cm x 35 cm
- Baumwoll-Leinenstoff B in Natur, 30 cm x 30 cm
- Baumwollstoff C in Rot mit Punkten, 20 cm x 15 cm
- Teddyplüsch D in Natur, 10 cm x 10 cm
- Volumenvlies H 630, 35 cm x 35 cm
- Filzkugel in Apricot, ø 2 cm
- Glöckchen in Weiß, ø 1 cm

SCHNITTMUSTER-BOGEN 1B

Maus mit Briefumschlag

ein sehr freundlicher Bote

SCHWIERIGKEITSGRAD
2

GRÖSSE
Höhe ca. 30 cm

MATERIAL

- Baumwollstoff A in Braun mit weißen Punkten, 45 cm x 20 cm
- Baumwoll-Leinenstoff B in Natur, 75 cm x 20 cm
- SnapPap effect C in Gold, 15 cm x 15 cm
- SnapPap Plus D in Hellbraun, 5 cm x 5 cm
- Spitzenband in Creme, 1 cm breit, 15 cm
- 2 Holzknöpfe in Braun, ø 1,5 cm
- Kordel in Braun, ø 0,3 cm, 60 cm
- Schleifenband in Gold, 0,5 cm breit, 20 cm
- 80 g Füllwatte
- 100 g Traubenkerne
- Stoffmalfarbe in Schwarz
- Stoffmalkreide in Rot
- Rest Stickgarn in Schwarz
- Pompon in Braun, ø 1,5 cm
- Lochzange
- Stylefix
- Pinsel
- Stoffklammern

SCHNITTMUSTERBOGEN
2 A

1 Zuerst jeweils einmal den Boden aus Stoff A und das Zwischenteil aus Stoff B zuschneiden. Dann den restlichen Stoff A und B jeweils zur Hälfte falten und auf Stoff A den Körper, auf Stoff B den Kopf und je zweimal den Fuß, das Ohr und den Arm aufzeichnen und ausschneiden. Aus SnapPap C die Vorder- und Rückseite des Briefumschlags und zwei gegengleiche Innenohren ausschneiden. Aus SnapPap D den Stern zuschneiden.

2 Die Kopfteile jeweils rechts auf rechts an die Körperteile stecken und mit 0,5 cm Nahtzugabe annähen, die Nahtzugaben auseinanderbügeln.

3 Nun je zwei gegengleiche Arme, Füße und Ohren mit 0,5 cm Nahtzugabe rechts auf rechts bis auf die Wendeöffnungen zusammennähen. Die Nahtzugaben an allen Rundungen in kleinen Abständen bis kurz vor die Naht einschneiden.

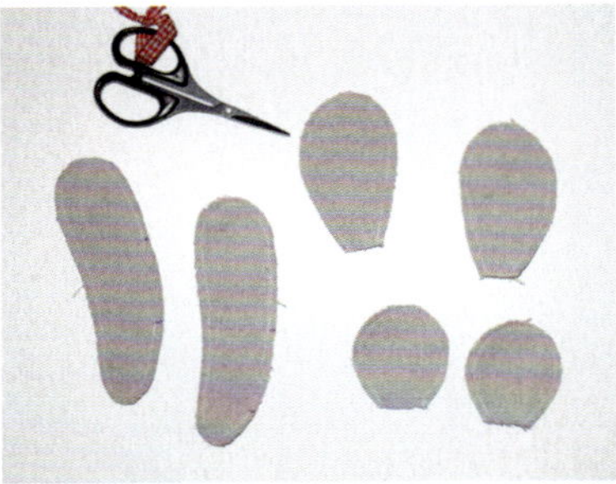

4 Die Teile mithilfe eines Stäbchens oder Stifts wenden. Die Ecken ausformen. Die Nahtzugaben an den Wendeöffnungen der Arme nach innen bügeln. Die goldenen Innenohren von der rechten Seite auf die Ohren nähen und die Ohren rundum bis auf die Wendeöffnung knapp absteppen.

5 Die Ohren jeweils zur Hälfte falten und an der Markierung auf die rechte Seite der Kopfteile klammern und knappkantig festnähen, dabei liegt die Wendeöffnung der Ohren an der Stoffkante des Kopfes. Das Kopfzwischenstück rechts auf rechts an eine Kopfseite stecken, dabei vorne an der Schnauzenspitze beginnen. Das Zwischenstück mit 0,5 cm Nahtzugabe annähen, dabei aber nicht an der Stoffkante beginnen, sondern die Nahtzugaben frei lassen und jeweils 0,5 cm von der Kante entfernt mit der Naht beginnen und enden. Das andere Kopfteil ebenfalls rechts auf rechts an das Zwischenteil stecken und entsprechend annähen.

6 Die Seitennähte von Kopf und Körper rechts auf rechts schließen. Die Nahtzugaben an allen Rundungen bis kurz vor die Naht einschneiden.

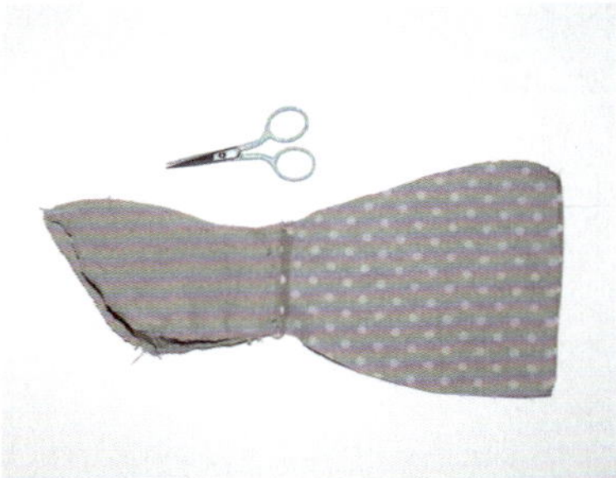

7 Die Füße mithilfe eines Stäbchens mit etwas Füllwatte füllen und rechts und links neben der vorderen Naht an die Unterkante des Körpers stecken, dabei liegen die offenen Stoffkanten rechts auf rechts aufeinander und die Füße zeigen nach oben zum Kopf. Der Abstand zur Naht ist jeweils 1,5 cm groß. Jetzt den Boden rechts auf rechts an die Körperunterkante stecken und 0,5 cm breit annähen, dabei eine Wendeöffnung von 7 cm im Bereich der hinteren Körpernaht offen lassen. Die Nahtzugaben an den Rundungen wieder bis kurz vor die Naht einschneiden und die Maus wenden.

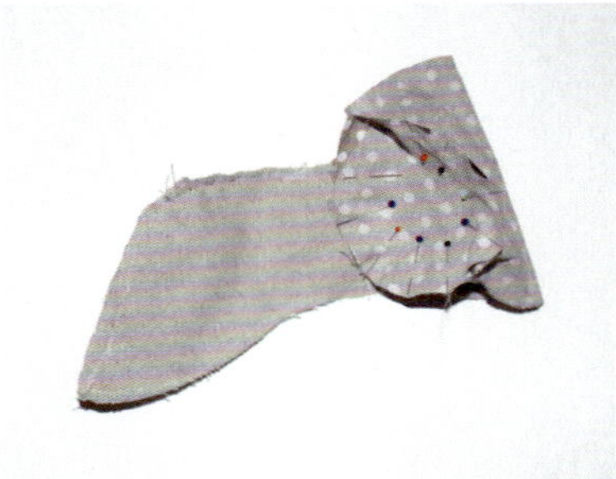

8 Die Augen und die Wangen mit Textilfarbe aufmalen und nach Herstellerangaben fixieren.

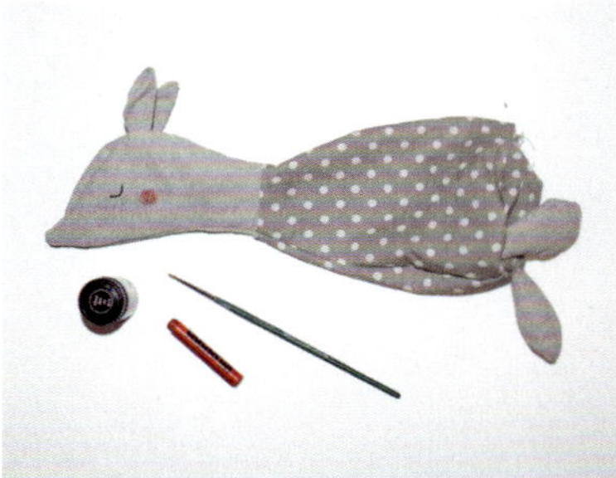

9 Den Kopf, Hals und oberen Teil des Körpers mit Füllwatte füllen. Im unteren Bereich Traubenkerne einfüllen, damit die Maus stabil stehen bleibt.

10 Für den Schwanz die Kordel in drei Stücke à 20 cm teilen, die Enden an einer Seite zusammennehmen und verknoten. Dann eine Kordel flechten und am Ende nochmals eine Knoten anbringen. Die Enden gleich lang abschneiden. Die Wendeöffnung an der hinteren Körpernaht mit der Hand schließen und dabei das Schwänzchen mit einnähen.

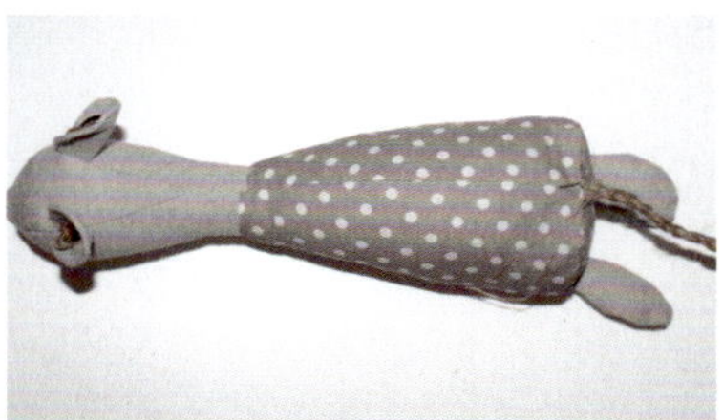

11 Die Arme jeweils mit Füllwatte füllen und die Wendeöffnungen von Hand schließen. Dann die Arme jeweils seitlich von Hand an den Körper nähen, siehe Foto. Über der Ansatznaht des Kopfes mit Stylefix das Spitzenband aufkleben und mit der Hand annähen.

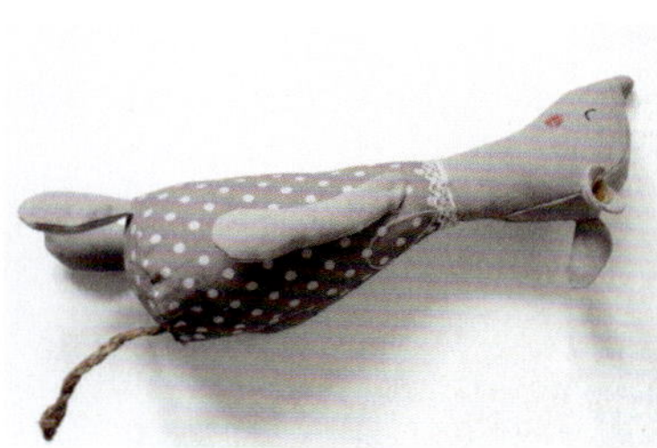

12 Mit brauner Nähseide den Stern auf die Vorderseite des Umschlags (= Seite mit Ausschnitt) nähen. Dann die Vorderseite links auf links auf die Rückseite legen und seitlich und unten mit 0,5 cm breiter Nahtzugabe zusammennähen. Mit der Lochzange an den Seiten mittig zwei Löcher mit einem 0,3 cm großen Durchmesser stanzen.

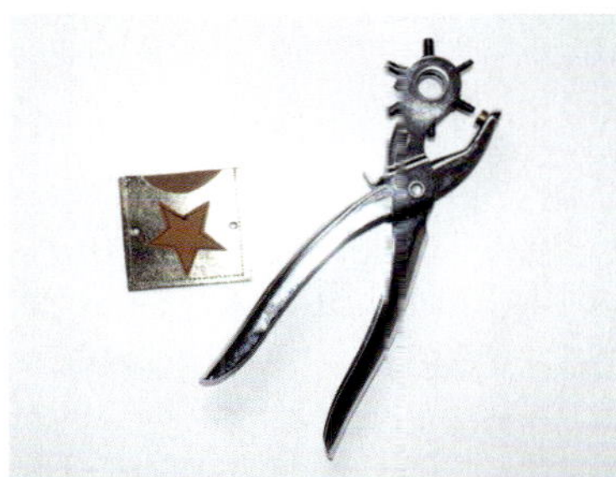

13 Den Umschlag zwischen den Armen befestigen, dazu jeweils einen Faden durch das Loch im Umschlag und die Hand ziehen und Fadenanfang und -ende gut verknoten.

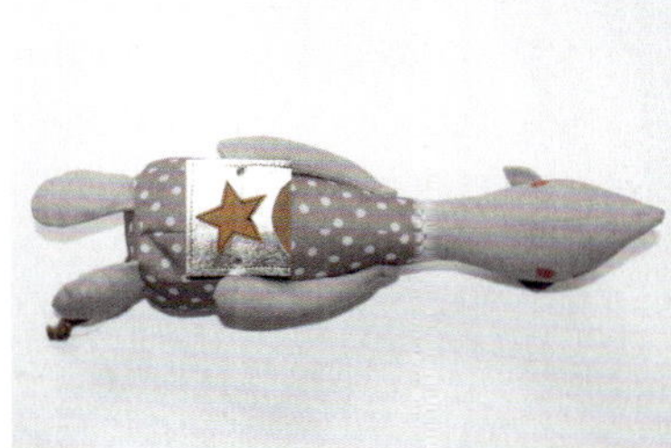

14 Vom schwarzen Stickgarn zwei Stücke à 6 cm abschneiden und mithilfe einer Nähnadel durch die Nase ziehen, dann den Pompon darüber annähen. Die Knöpfe oben an die Arme nähen und das Goldband als Schleife um die Schwanzspitze binden.

Engelutensilo

Wunscherfüllung inbegriffen

1 Das Utensiloteil je zweimal aus den Stoffen A und B und dem Volumenvlies zuschneiden.

2 Das Volumenvlies auf die linken Seiten der Futterteile bügeln. Das Spitzenband halbieren und an den Oberkanten der Teile aus Stoff A mit Stylefix auf die rechte Seite kleben, die gebogene Spitzenkante zeigt dabei nach unten. Ebenfalls mit Stylefix die Oberkanten der Futterteile bündig auf der Spitze fixieren, linke Futterseite zeigt nach außen, und dann die Oberkanten füßchenbreit zusammennähen.

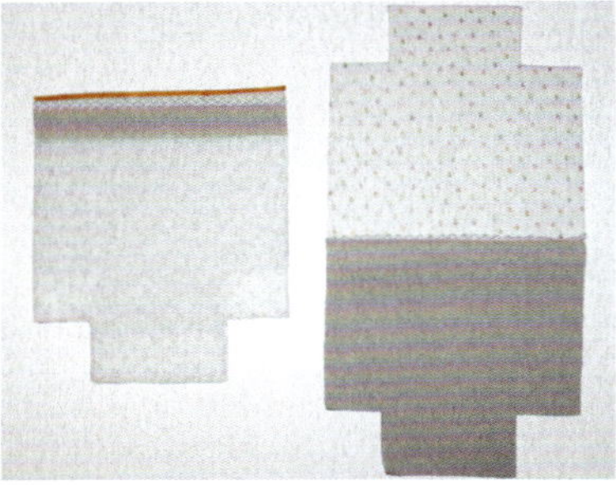

3 Die Teile auseinanderklappen und beide Teile rechts auf rechts zusammenstecken. Dabei liegt Außenstoff auf Außenstoff und Futter auf Futter. Die Teile bis auf eine 5 cm große Wendeöffnung an einer Seiteg füßchenbreit zusammennähen, die Ecken bleiben zunächst ebenfalls offen.

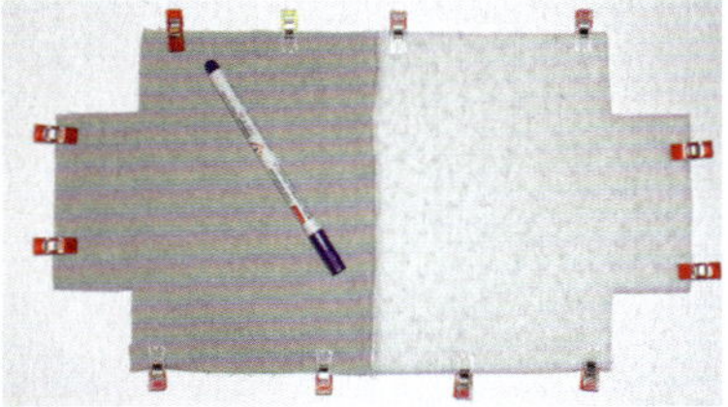

4 Dann die Stofflagen an den Ecken auseinanderziehen und so falten, dass Seiten- und Bodennaht jeweils aufeinanderliegen. Die offenen Kanten füßchenbreit zusammennähen.

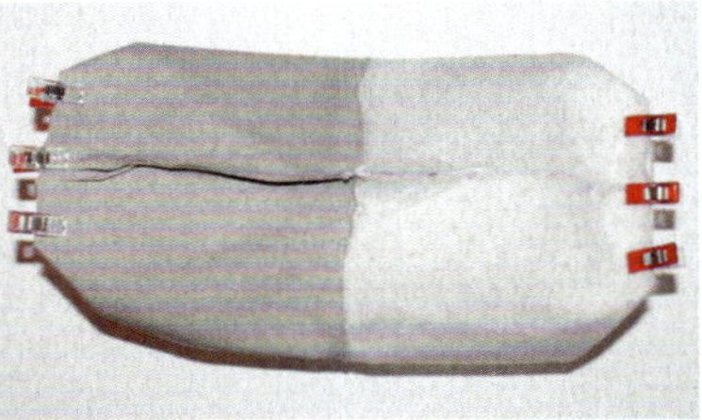

5 Das Utensilo wenden, die Kanten mithilfe eines Kantenformers ausarbeiten. Die Nahtzugaben an der Wendeöffnung nach innen bügeln und die Öffnung schließen.

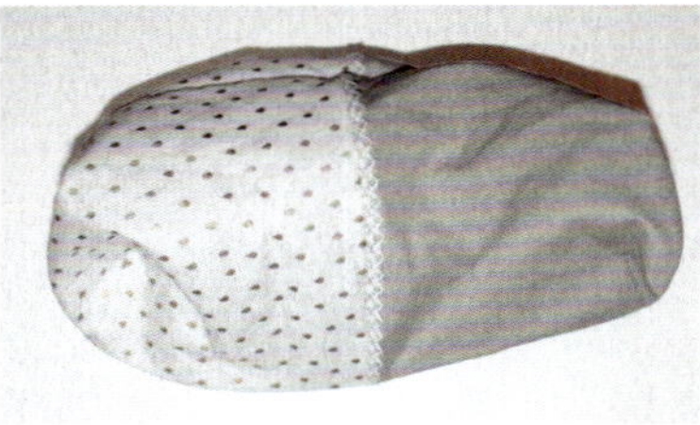

6 Den oberen Rand ca. 3,5 cm breit nach außen umschlagen. Mit der Wolle oder dem Stickgarn die Knöpfe an die Vorderseite des Utensilos nähen.

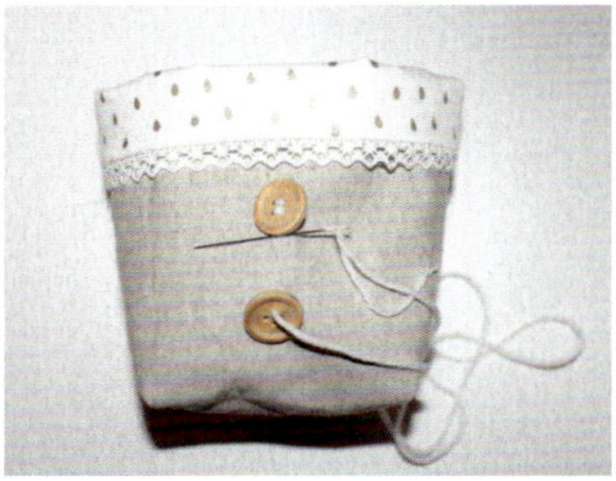

7 Jetzt die Flügel nähen. Dazu aus dem Goldstoff einen Flügel und ein 15 cm x 15 cm großes Quadrat ausschneiden. Den Flügel links auf links auf das Quadrat legen und mit Stylefix oder Klammern fixieren. Dann das Flügelteil rundherum knappkantig aufnähen, dabei auch die Flügel mit Stepplinien unterteilen und unten eine Füllöffnung frei lassen, siehe Schnitt. Mit einer kleinen Schere das Quadrat exakt auf die Größe des Flügels zurückschneiden.

8 Mithilfe eines Stäbchens oder eines Stifts etwas Füllwatte in den Flügel stopfen und die untere Öffnung mit der Maschine schließen. Den Flügel von Hand mittig an die Rückseite des Utensilos nähen.

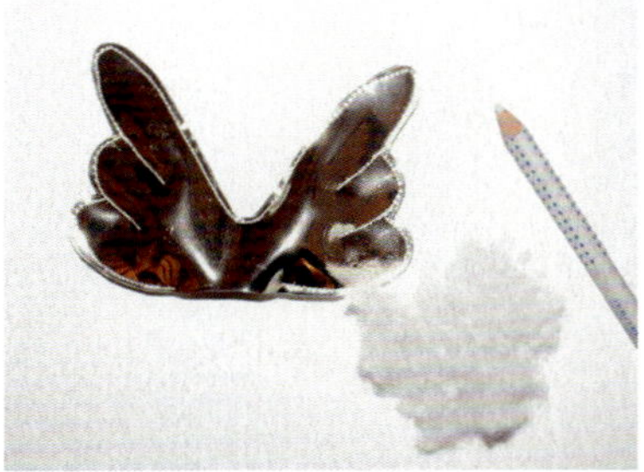

SCHWIERIGKEITS-GRAD 2

GRÖSSE
ca. 10 cm x 10 cm x 16 cm

MATERIAL FÜR EIN UTENSILO

- Baumwoll-Leinenstoff A in Natur, 25 cm x 50 cm
- Baumwollstoff B (Futter) in Weiß mit goldenen Tropfen, 25 cm x 50 cm
- Volumenvlies H 630, 25 cm x 50 cm
- Spitzenband in Weiß, 1,3 cm breit, 45 cm
- Stoff in Gold, beschichtet, 30 cm x 15 cm
- 2 Holzknöpfe in Natur, ø 1,8 cm
- Rest Füllwatte
- Stickgarn oder dünne Wolle in Weiß
- Stylefix
- Kantenformer
- Holzstäbchen oder Stift

SCHNITTMUSTER-BOGEN 2A

Wimpelkette

mit Platz für kleine Aufmerksamkeiten

1 Die Stoffe rechts auf rechts zur Hälfte falten. Auf den Leinenstoff 12 gerade Wimpel, auf die bunten Baumwollstoffe je vier schräge Wimpel mit dem Trickmarker aufmalen. Die Stoffe innerhalb der Wimpel zusammenstecken und die Wimpel in doppelter Stofflage ausschneiden.

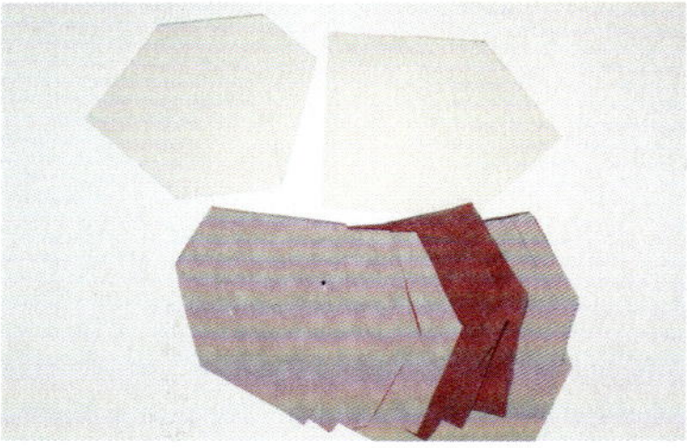

2 Das Spitzenband in zwölf je 18 cm lange Stücke schneiden. Wie im Schnittmuster an den schrägen Wimpeln eingezeichnet, zuerst das Stylefix an je vier Wimpeln eines Musters auf die rechte Stoffseite kleben und damit dann die Spitzenbänder rechts auf rechts fixieren. Auf jedes Teil mit Spitze ein anders gemustertes Teil ohne Spitze aus rotem Baumwollstoff rechts auf rechts legen und feststecken. Den oberen Rand mit der Spitze 0,5 cm breit zusammennähen. Die Nahtzugaben an der Ecke bis dicht an die Naht abschneiden, dann die Teile auf rechts drehen und bügeln.

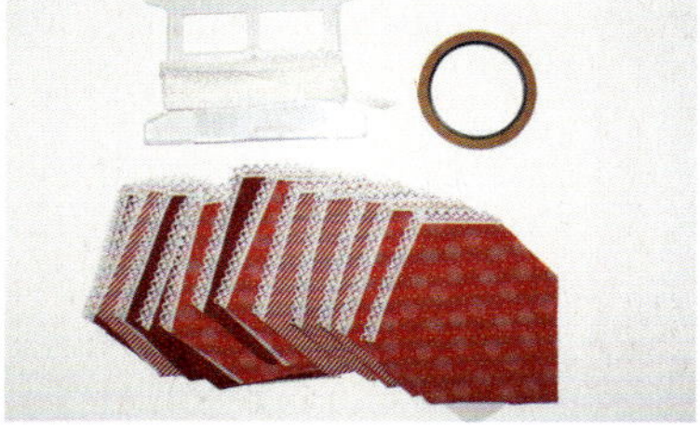

3 Den oberen Umschlag, wie im Schnitt durch die Strich-Punkt-Linie gekennzeichnet, nach vorne umklappen und mit Stecknadeln fixieren.

4 Nun die roten Wimpelteile mit dem Umschlag nach oben passend zwischen zwei Wimpelteile aus Leinenstoff legen, sodass die rechten Seiten der Leinenwimpel innen liegen. Alles mit Stecknadeln zusammenstecken.

5 Rundum mit 0,5 cm Nahtzugabe zusammennähen, nur die Oberkante bleibt als Wendeöffnung offen.

6 An den Ecken die Nahtzugaben bis dicht an die Naht abschneiden, dann die Wimpel wenden und die Ecken ausformen. Die Stecknadeln vom Umschlag entfernen und die Wimpel bügeln. Von Hand auf die Umschläge mit weißer Wolle je einen Astknopf und an die Wimpelspitzen mit Nähseide die Pompons nähen.

7 Das Schrägband zur Hälfte falten und bügeln, sodass es vierfach liegt. Am Anfang das Schrägband 13 cm hängen lassen, dann den ersten Wimpel in das gefaltete Band schieben und feststecken. Die weiteren Wimpel in einem Abstand von 2,5 cm zueinander am Schrägband feststecken. Dann das Schrägband mit einem Geradstich knapp absteppen und dabei die Wimpel festnähen.

8 Die Wimpeltäschchen kann man mit kleinen Überraschungen für die Adventszeit füllen.

SCHWIERIGKEITSGRAD 2

GRÖSSE

Länge der Kette: 2,2 m

MATERIAL

- Baumwollstoff in Rot-Weiß gestreift, in Rot mit Muster und in Rot mit Punkten, je 80 cm x 30 cm
- Leinenstoff in Natur, 140 cm x 60 cm
- Schrägband in Rot, 2 cm breit, 2,2 m lang
- Spitzenband in Creme, 1 cm breit, 2,2 m lang
- 12 Astknöpfe, ø 2 cm
- 12 Pompons in Weiß, ø 7 mm
- Stylefix
- Trickmarker
- Nähnadel
- Rest Wolle in Weiß

SCHNITTMUSTERBOGEN 1A

Engelchen

schnell genähte Stimmungsmacher

SCHWIERIGKEITSGRAD 2

GRÖSSE
22 cm

MATERIAL FÜR 5 ENGELCHEN

- Baumwollstoff A in Rosa mit weißen Punkten und Baumwollstoff B in Rosa mit roten Herzen, je 80 cm x 20 cm
- Baumwollstoff C in Hautfarbe, 20 cm x 40 cm
- Volumenvlies H 630, 80 cm x 20 cm
- SnapPap effect in Platin, 20 cm x 45 cm
- Rest Füllwatte
- Motivstanzer „Stern“, ø 1,5 cm
- 5 Astknöpfe, ø 1,5 cm
- Wollrest in Beige
- Wollgarn in Weiß
- Spitzenband in Weiß, 1 cm breit, 2,6 m
- 10 Holzperlen, ø 2 cm
- Kordel in Natur, ø 0,5 cm , 1 m
- Aufhängekordel in Weiß, 1 m
- Stoffmalfarbe oder Stoffmalstifte in Weiß, Rot und Schwarz
- Stoffmalkreide in Rot
- Textilkleber
- Stylefix

SCHNITTMUSTERBOGEN 1B

1 Aus den Stoffen A und B je fünf Außenkreise zuschneiden, das Gesicht zehnmal aus Stoff C und den Innenkreis fünfmal aus Volumenvlies zuschneiden. Die Wendeöffnungen mit dem Trickmarker auf die Stoffe übertragen.

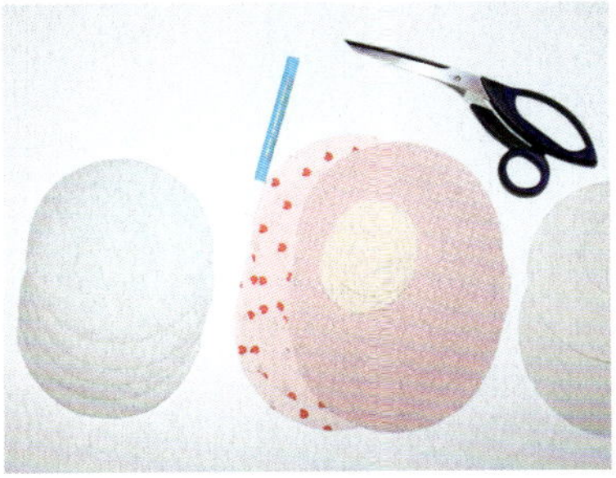

2 Die Volumenvlies-Kreise auf die linken Seiten der Kreise aus Pünktchenstoff bügeln. Den Stoff mit der rechten Seite nach oben legen. Das Spitzenband in fünf Teile von je 52 cm schneiden und mit Stylefix am Rand der Kreise fixieren, dabei liegt die gerade Annähkante der Spitze außen, die gebogene Spitzenkante zeigt zur Kreismitte.

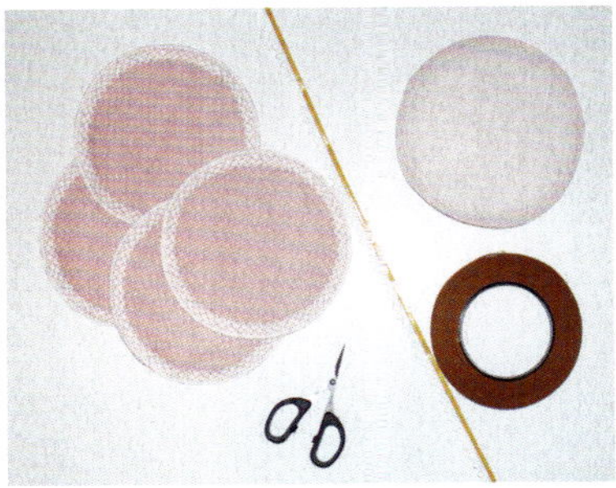

3 Jetzt je einen Kreis mit Punkten und einen mit Herzen rechts auf rechts aufeinanderlegen und bis auf die Wendeöffnung mit 0,5 cm Nahtzugabe und einem Geradstich zusammennähen. Anfang und Ende der Naht verriegeln. Die Nahtzugaben rundum, nur an der Wendeöffnung nicht, in kurzen Abständen bis dicht an die Naht einschneiden.

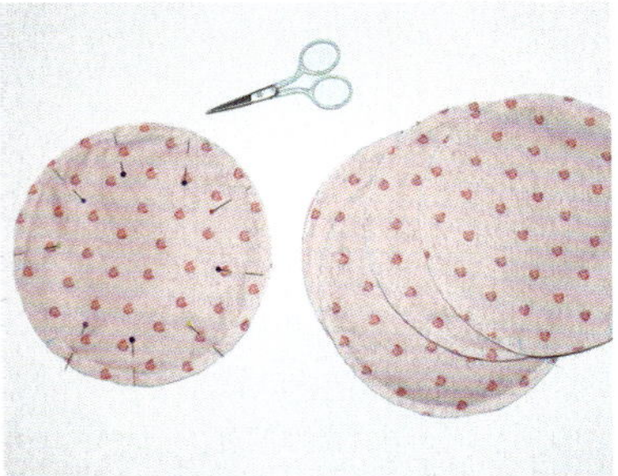

4 Die Kreise wenden und bügeln, die Nahtzugaben an den Wendeöffnungen nach innen bügeln. Von der Kordel zehn Stücke à 10 cm abschneiden und je zwei Stücke mit einem 2 cm großen Abstand in die Wendeöffnungen legen. Die Kreise jeweils rundum knappkantig von der rechten Seite absteppen.

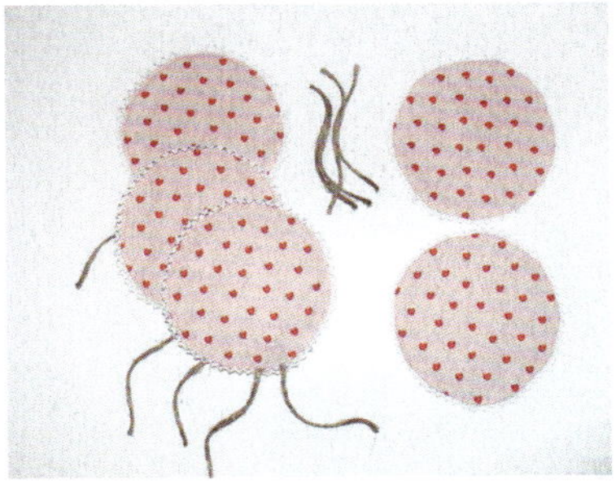

5 Gegenüber den Beinen jeweils ca. ein Drittel des Kreises nach vorne umbügeln, falls gewünscht dabei die Muster abwechselnd als Außen- und Innenseite verwenden. Die Seiten zur Mitte falten und in der Mitte mit der Hand zusammennähen, sodass ein Körper entsteht.

6 Die Gesichter wie im Schnitt eingezeichnet mit Stoffmalstiften oder Farbe auf fünf Kreise malen. Die Wangen mit Stoffmalkreide auftupfen. Alles gemäß Herstellerangaben fixieren. Dann je einen bemalten und einen unbemalten Kreis für das Gesicht rechts auf rechts aufeinanderlegen. Die Wendeöffnungen oberhalb der aufgemalten Augen anzeichnen, hier werden sie später durch die Haare verdeckt. Die Kreise jeweils mit einem Geradstich bis auf die Wendeöffnung zusammennähen.

Die Nahtzugaben außerhalb der Wendeöffnungen bis dicht an die Naht rundum in kurzen Abständen einschneiden, dann die Kreise wenden und bügeln.

7 Die Köpfe mit etwas Füllwatte ausstopfen und die Wendeöffnungen von Hand schließen. Für jeden Engel drei Wollstücke à 5 cm zuschneiden und mittig oben an den Kopf nähen. Die Köpfe jeweils oben an die Körper nähen.

8 Aus SnapPap effect fünf Flügel zuschneiden und die Flügel rundum in Weiß absteppen. Die Flügel auf der Rückseite an die Körper nähen, dabei zeigt die rechte Flügelseite nach vorne. Aus dem SnapPap-Rest fünf Sterne ausstanzen und mit Textilkleber oben mittig auf die Haare kleben.

MEIN TIPP FÜR SIE

Sie können die niedlichen Engelchen auch an Geschenke hängen und so besonders lieben Mitmenschen eine Freude machen.

9 Mit dem weißen Wollgarn die Astknöpfe vorne mittig auf die Körper nähen. Die Holzperlen an die Enden der Kordelbeine knoten, sodass die Beine ca. 7 cm lang sind. Von der Aufhängekordel fünfmal 20 cm abschneiden, mit einer dicken Nadel hinter den Haaren den Stoff durchstechen und die Kordel anbringen. Zum Schluss mit Stoffmalfarbe weiße Lichtpunkte in die Augen setzen.

Wärmekissen

eine Wohltat für den Nacken

SCHWIERIGKEITSGRAD 2

GRÖSSE
ca. 40 cm x 38 cm

MATERIAL
- Baumwollstoff in Mint mit weißen Sternen, 45 cm x 110 cm
- 1000 g Traubenkerne
- Trichter
- Trickmarker

SCHNITTMUSTERBOGEN 2A

1 Kissen und Kragen je zweimal zuschneiden. Die Stepplinien jeweils auf die rechte Seite eines Teils übertragen.

2 Die Kragenteile rechts auf rechts aufeinanderlegen und an einer langen und einer kurzen Seite zusammennähen, wenden und bügeln. Die Nahtzugaben an der noch offenen kurzen Seite nach innen bügeln. Jetzt die noch offene lange Seite mit 1 cm Abstand zur Kante mit einem Geradstich zusammennähen. Die Nahtzugaben in kleinen Abständen bis kurz vor die Naht einschneiden. Den Kragen rechts auf rechts an ein Teil des Wärmekissens stecken, sodass die Kragenmitte auf die Kissenmitte trifft, und den Kragen annähen.

3 Die Kissenteile rechts auf rechts aufeinanderstecken und bis auf die beiden Wendeöffnungen zusammennähen. An den Rundungen die Nahtzugaben in kurzen Abständen bis dicht an die Naht einschneiden. Das Kissen wenden und bügeln, die Nahtzugaben an den Wendeöffnungen nach innen bügeln.

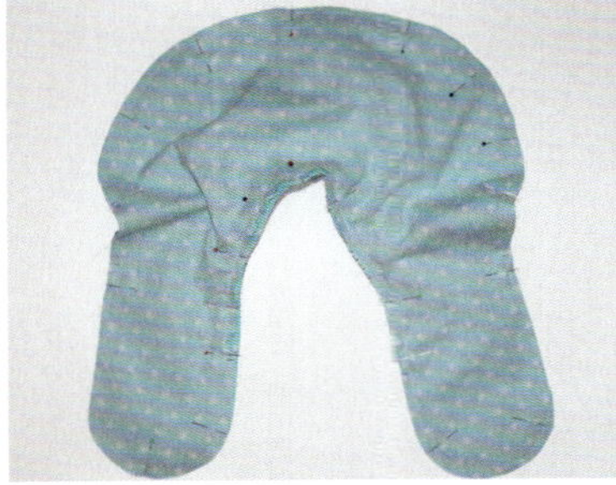

4 Den Kragen mithilfe eines Trichters mit den Kernen befüllen. Dabei immer eine Kammer füllen, mit Nadeln die aufgezeichnete Stepplinie abstecken und mit einem kleinen Geradstich die Naht schließen. Zum Schluss die Wendeöffnung des Kragens zunähen. Bei dem Kissen an der breiten Rundung beginnen und zunächst die senkrechten Nähte der ersten Kammern nähen. Dann die Traubenkerne durch die Wendeöffnung von beiden Seiten einfüllen und die erste Quernaht stecken und nähen.
So zuerst das Kissen an dieser Seite bis unterhalb der Kammern mit den Wendeöffnungen befüllen, dann die Kissenkammern an den schmalen Enden des Kissens mit Traubenkernen befüllen.
Zum Schluss die Kammern mit den Wendeöffnungen befüllen und anschließend die Öffnungen von Hand zunähen.

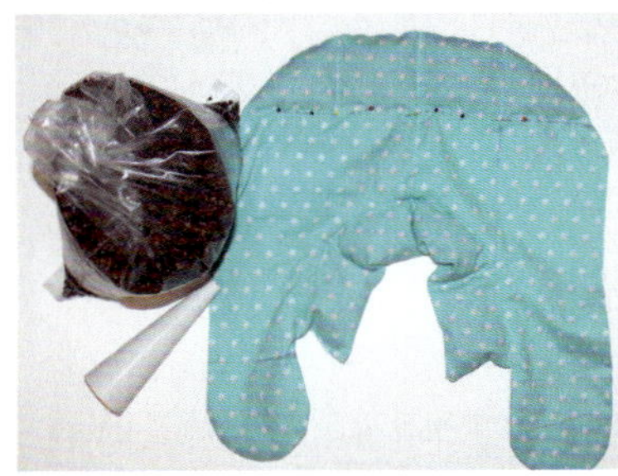

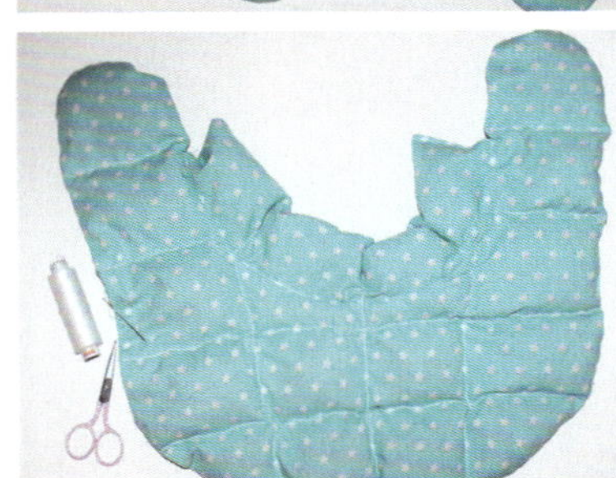

Schneekugeln

prächtig – ganz ohne Schütteln

SCHWIERIGKEITSGRAD 2

GRÖSSE
Durchmesser ca. 15 cm

MATERIAL

- Modellierfilz in Weiß, 30 cm x 45 cm
- Baumwollstoff A in Hellblau mit weißen Pünktchen, 20 cm x 40 cm
- Baumwoll-Leinenstoff B in Beige, 20 cm x 20 cm
- Vliesofix, 40 cm x 50 cm
- Pomponborte in Weiß, 1 cm breit, 2,1 m
- Baumwollstoffreste in Weinrot mit Punkten (C), in Weinrot/Weiß mit Streifen (D), in Hautfarbe (E), in Schilfgrün mit Punkten (F), in Braun (G), in Beige mit Sternen (H), in Beige mit Punkten (I) und in Beige/Weiß gestreift (J)
- Rest Stickfilz in Weiß (K)
- Rest SnapPap in Hellbraun (L)
- Rest Stickgarn in Weiß
- 6 Ösen in Silber, ø 1 cm
- Spitzenband in Schilf, 1 cm breit, 1,5 m
- Ösenzange
- Nähnadel
- Trickmarker
- Stylefix

SCHNITTMUSTERBOGEN 2A

1 Die Schneekugeln aus Modellierfilz sechsmal zuschneiden. Vliesofix mit der Papierseite nach oben über die Vorlagen legen und je sechs Kugelhintergründe (A) und sechs Kugelfüße (B) dicht nebeneinander aufzeichnen. Die anderen Teile, die mit demselben Buchstaben gekennzeichnet sind, dicht nebeneinander aufzeichnen, dazu sind die Vorlagen bereits gespiegelt. Vliesofixteile jeweils für einen Stoff an einem Stück grob ausschneiden und auf die linken Seiten der entsprechenden Stoffe bzw. das SnapPap bügeln. Alle Teile exakt ausschneiden.

2 Zuerst die Kugelfüße und anschließend die Kugelhintergründe aufbügeln. Die kleineren Applikationsteile aufbügeln, dabei auf die Reihenfolge achten, die auf dem Modellfoto erkennbar ist, da die unteren Teile teilweise überdeckt werden und deshalb zuerst aufgebügelt werden müssen. Die Linien zum Nachsticken mit dem Marker anzeichnen.

3 Die Herzen aus SnapPap aufbügeln, dann alle Teile mit einem Geradstich oder Zickzackstich aufnähen. Die Schneeflocken wie eingezeichnet mit dem weißen Stickgarn auf den hellblauen Hintergrundstoff sticken.

4 Das Pomponband in sechs Stücke à 35 cm schneiden und jeweils mit Stylefix rund um den Kugelhintergrund kleben, dabei zeigen die Pompons nach außen und die Bandenden überlappen sich ein kleines Stück. Die Bänder aufnähen.

5 Die Ösen mittig oben an der Kugel mithilfe der Ösenzange anbringen. Das Spitzenband in sechs gleich große Stücke teilen, jeweils durch die Ösen ziehen und die Enden verknoten.

146
147
148
149
150
100%

GRUNDANLEITUNG

Auf den folgenden Seiten haben wir für Sie die wichtigsten Grundtechniken des Nähens zusammengestellt. Diese sollten Sie für die in diesem Buch gezeigten Modelle beherrschen. Besonders für Anfängerinnen sind diese Basisinformationen hilfreich.

Das brauchen Sie

Stoffe

Für die Modelle in diesem Buch habe ich vorwiegend Baumwollstoffe verwendet. Sie lassen sich gut verarbeiten, sind kaum dehnbar und eignen sich auch für Nähanfänger. Es gibt im Handel eine große Auswahl an unterschiedlichen Designs, z. B. Unifarben oder mit Mustern.
Auch spezielle Weihnachtsstoffe werden in einer großen Vielzahl angeboten. Da sich das Angebot der Stoffhersteller sehr schnell ändert, kann es sein, dass Sie bei den in diesem Buch abgebildeten Modellen auf einen anderen Stoff zurückgreifen müssen. Lassen Sie Ihrer Fantasie freien Lauf und nähen Sie die Modelle in Ihren Lieblingsfarben und -designs. Bitte beachten Sie, dass sich der Stoffverbrauch bei Musterstoffen erhöhen kann.
Baumwollstoffe sind im Handel in verschiedenen Breiten zwischen 90 cm und 150 cm zu erhalten. Da alle Baumwollstoffe aus Naturfasern sind, können sie beim Waschen einlaufen. Deshalb ist es empfehlenswert, besonders bei Nähprojekten, die Sie später waschen, die Stoffe vor der Verarbeitung nach Pflegeanleitung vorzuwaschen. Besonders dunklere Stoffe und Stoffe mit Rottönen können ausfärben. Waschen Sie sie deshalb einzeln und nie mit hellen Stoffen zusammen. Nach dem Trocknen sollten Sie alle Stoffe gut bügeln, damit sich beim Zuschnitt keine Fehler einschleichen.

Bänder und Borten

Mit diversen Borten und Bändern können Sie Ihre weihnachtliche Näharbeit effektvoll verzieren.

Nähgarn

Für die Nähprojekte in diesem Buch wurden Nähgarne aus Polyester in verschiedenen Farben verwendet. Achten Sie bei der Auswahl der Nähgarne darauf, dass Sie eine gute Qualität kaufen. Manche sehr günstigen Nähgarne lassen sich nicht gut verarbeiten, die Nähte werden unsauber und es bilden sich Knötchen und Schlaufen. Außerdem kann der Nähfaden während des Arbeitens leichter reißen.

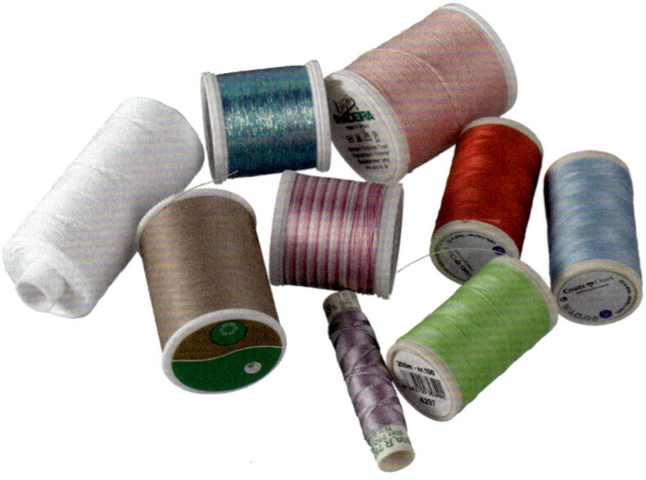

Scheren

Verwenden Sie zum Zuschneiden der Stoffe eine Stoffschere. Durch ihre meist asymmetrische Form gelingen exakte Zuschnitte, da der Stoff sehr flach auf der Unterlage aufliegt und sich beim Zuschneiden nur wenig anhebt.

Zum Zuschneiden von Schnittmustern oder Schablonen können Sie eine einfache Papierschere verwenden, bitte nicht die Stoffschere, denn durch das Papier wird sie stumpf.
Um kleine Fäden abzuschneiden oder Nahtzugaben einzuschneiden, ist eine kleine Stickschere praktisch.

Rollschneider

Um gerade Stoffteile zuzuschneiden, können Sie auch einen Rollschneider verwenden. Hierzu benötigen Sie zusätzlich eine entsprechende Schneidematte und ein Patchworklineal. Das Zuschneiden mit einem Rollschneider erfordert etwas Übung, damit es gelingt, die Schnittkante entlang der Linealkante zu ziehen. Der Vorteil eines Rollschneiders ist, dass die Schnitte exakt und gerade sind und schnell von der Hand gehen.

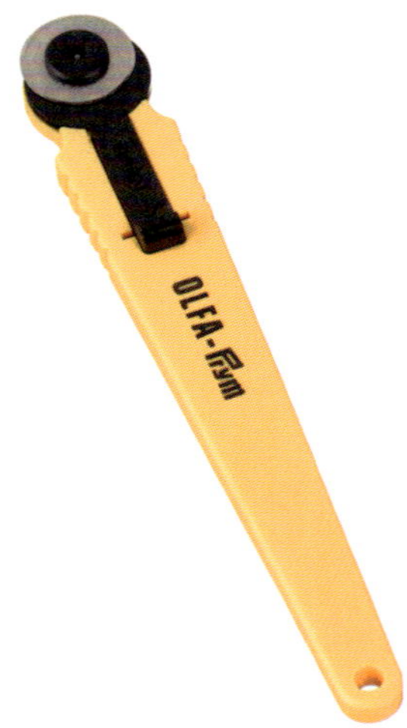

Nadeln

Stecknadeln und Stoffklammern

Um Stoffteile aneinander zu fixieren, benötigen Sie Stecknadeln oder Stoffklammern. Stecknadeln gibt es in unterschiedlichen Längen und mit unterschiedlichen Köpfen, z. B. aus Metall, Plastik und Glas. Achten Sie auch hier auf eine gute Qualität der Nadeln. Die Spitzen sollten gut verarbeitet sein, damit der Stoff nicht beschädigt wird. Auch manche Plastikköpfe von Stecknadeln können beim Bügeln schmelzen.

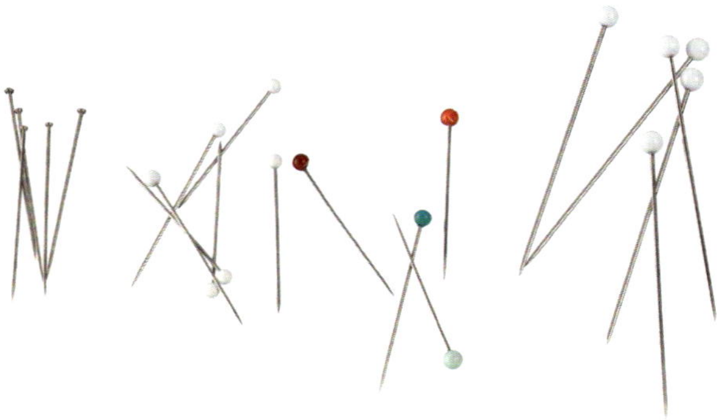

Besonders zeitsparend können Sie Ihre Nähprojekte mit Stoffklammern/Wonderclips fixieren. Sie sind eine gute Alternative zu Stecknadeln, wenn Sie empfindliche Stoffe, Kunstleder oder Wachstuch verarbeiten, da so keine Einstichstellen auf dem Material sichtbar sind.

Maschinennadeln

Für die Näharbeiten in diesem Buch benötigen Sie Universalnadeln der Stärke 70 bis 90. Diese sind für alle Baumwollstoffe geeignet.

Zum Nähen von Jerseystoffen gibt es spezielle Jerseynadeln. Sie haben eine stark abgerundete Spitze, sodass die Stofffasern beim Nähen nicht durchstochen, sondern zur Seite gedrängt werden. Das verhindert das Entstehen von Laufmaschen.

Auch das SnapPap wurde für dieses Buch mit Universalnadeln genäht. Es gibt aber auch Ledernadeln mit einer speziell geschliffenen Dreikantschneidspitze, die Sie dafür verwenden können. Welche Nadeln Sie auch immer zum Nähen von SnapPap verwenden, die Einstiche bleiben sichtbar und ein Auftrennen und Korrigieren ist immer schwierig.

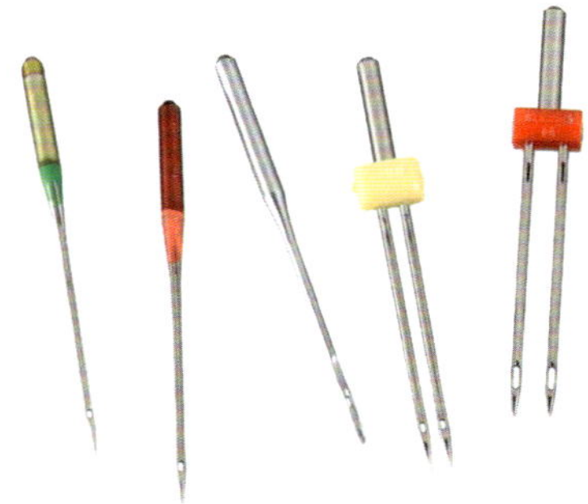

Nähnadeln

Um Wendeöffnungen mit der Hand zu schließen, Knöpfe anzunähen oder Garn für Aufhängungen durchzufädeln, benötigen Sie Nähnadeln. Es gibt sie in verschiedenen Stärken zu kaufen. Legen Sie sich ein passendes Sortiment zu.

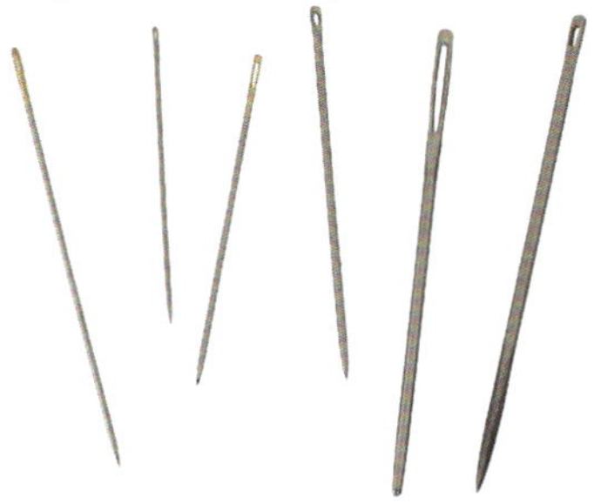

Sicherheitsnadeln

Mithilfe von Sicherheitsnadeln können Sie Kordeln in die Nähprojekte einziehen.

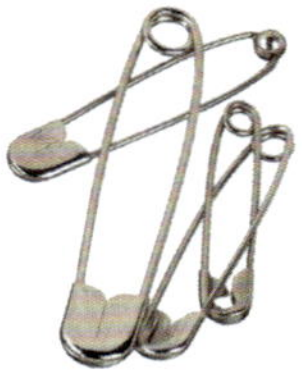

Markierungshilfen

Mit Sublimatstiften oder Schneiderkreide können Sie die Umrisse Ihrer Schnittmuster und alle Markierungen auf die Stoffe zeichnen.

Sublimatstifte

Bei Verwendung von Sublimatstiften sieht man die Markierungen auf den Stoffen nach einiger Zeit nicht mehr, sie verschwinden von selbst. Sind noch Reste vorhanden, können diese leicht mit einem feuchten Tuch entfernt werden. Sublimatstifte gibt es für helle und für dunkle Stoffe. Probieren Sie vor der Verwendung aber auf jeden Fall an einem Probestück aus, ob sich die Linien auswaschen lassen. Es gibt einige, wenige Stoffe, bei denen dies nicht der Fall ist.

Schneiderkreide

Schneiderkreide gibt es als Stifte in verschiedener Farbauswahl, als Stück oder als Kreiderädchen. Die angezeichneten Markierungen lassen sich nach dem Auftragen gut wegwischen oder auch ausbürsten.

Maßbänder und Lineale

Ein flexibles Maßband benötigen Sie, um Ihre Nähprojekte auszumessen. Mit einem Handmaß aus flexiblem Kunststoff können Sie kurze Stoffstücke messen. Es hat auch den Vorteil, dass Sie es biegen und so auch Nähprojekte an schwer zugänglichen Stellen messen können. Zum Ausmessen von geraden, längeren Stücken eignen sich auch Metall- oder Patchworklineale.

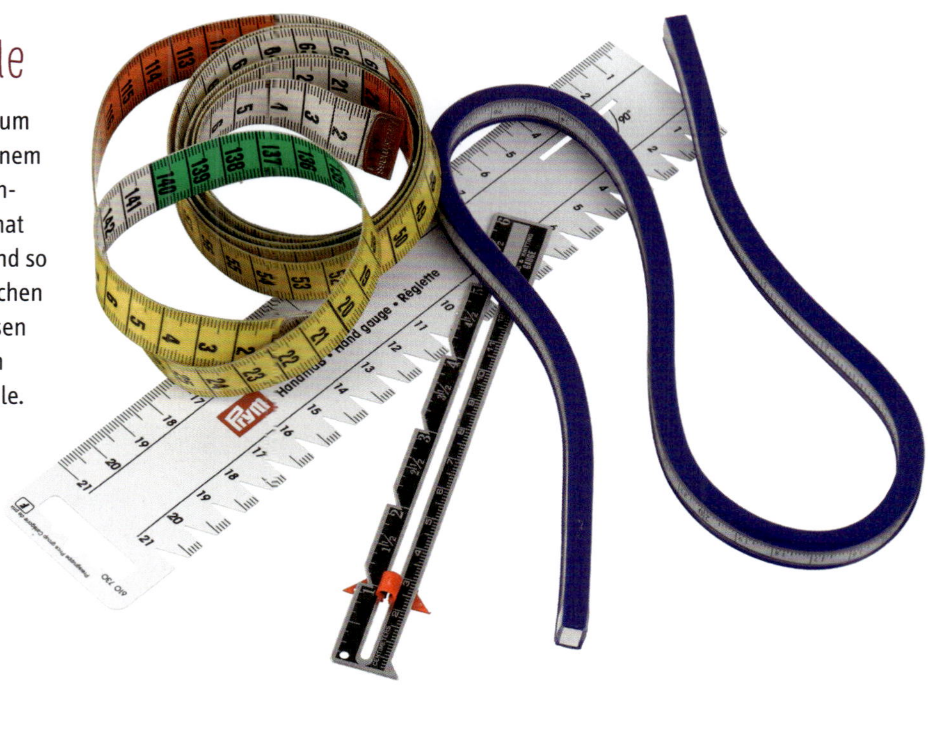

Einlagen

Volumenvlies

Volumenvlies gibt es im Handel in unterschiedlichen Stärken zu kaufen. Bei den Nähprojekten in diesem Buch habe ich Volumenvlies H 630 und H 640 verwendet. Es wird von der linken Stoffseite gemäß den Herstellerangabe aufgebügelt und verleiht den Nähprojekten die notwendige Festigkeit und Formbeständigkeit. Bei Stepparbeiten gibt es den Modellen einen wattierten Effekt.

Vliesofix

Vliesofix wird für Applikationen verwendet. Es hat zwei Klebeseiten und wird nach Aufzeichnen des Motivs mit der rauen Seite (Seite ohne Folie) auf die linke Seite des Stoffes gelegt und aufgebügelt. Dann wird das Motiv ausgeschnitten, die Trägerfolie abgezogen und das Motiv von rechts auf den Stoff gebügelt.

Weitere Hilfmittel

Nahttrenner

Auch bei großer Sorgfalt können einmal kleine Fehler passieren. Wenn Sie eine falsch genähte Naht auftrennen möchten, ist ein Nahttrenner ein wichtiges Hilfsmittel. Trennen Sie immer vorsichtig, damit der Nahttrenner nicht abrutscht und den Stoff beschädigt. Fadenreste können Sie mit einer Pinzette entfernen.

Kantenformer

Das spitze Ende des Kantenformers können Sie zum Ausformen von verstürzten Ecken verwenden. Formen Sie die Ecken vorsichtig aus und achten Sie darauf, dass Sie mit der Spitze den Stoff nicht durchstechen. Zum Ausformen von Nahträndern können Sie das abgerundete Ende des Kantenformers verwenden.

Stylefix

Zum Anbringen von Bändern und Fixieren von Saumumschlägen, Wendeöffnungen und kleinen Applikationen eignet sich Stylefix. Es ist ein schmales, doppelseitiges Klebeband, das das Verrutschen des Stoffes verhindert und ist eine Alternative zu Stecknadeln. Es bleibt auch nach dem Waschen weich.

Nadelkissen

Um Stecknadeln stets griffbereit zu haben, können Sie ein Nadelkissen aus Stoff oder ein Magnetnadelkissen verwenden.

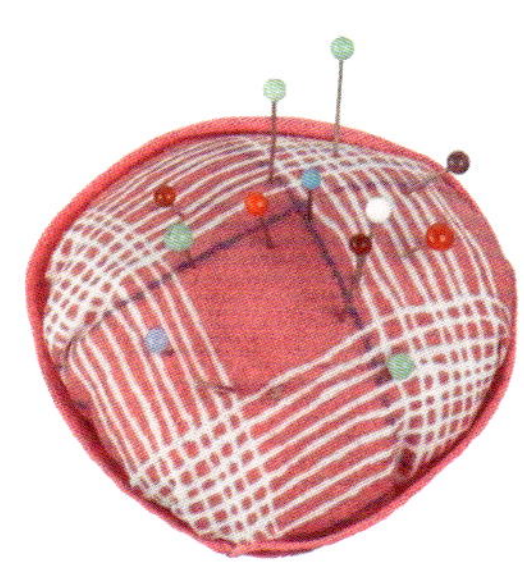

Füllmaterial

Als Füllmaterial eignet sich am besten Füllwatte aus kleinen Polyesterkügelchen. Mit der Füllwatte stopfen Sie die Nähprojekte gleichmäßig aus und schließen die Öffnung dann mit Nadel und Faden. Zum Beispiel bei der Maus habe ich zusätzlich Traubenkerne als Füllmaterial verwendet, um das Modell schwerer zu machen.

So wird's gemacht

Schnittmuster übertragen

Übertragen Sie alle Vorlagen vom Schnittmusterbogen auf Transparentpapier. Ziehen Sie dazu alle Umrisse mit einem Filz- oder Bleistift nach und schneiden Sie die Schnittmusterteile aus.
Möchten Sie stabilere Vorlagen (z. B. für Applikationen) haben, fertigen Sie Schablonen aus Fotokarton. Hierzu kleben Sie die abgezeichneten Teile mit Alleskleber auf den Fotokarton und schneiden anschließend die Umrisse mit einer kleinen, spitzen Schere aus.

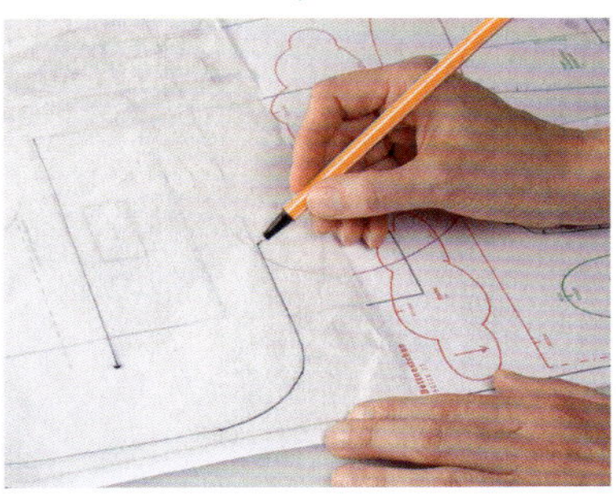

Schnittmusterteile auf den Stoff übertragen

Bügeln Sie den Stoff, sodass er faltenfrei auf der Unterlage liegt. Legen Sie die Schnittteile auf den Stoff und zeichnen Sie die Umrisse und alle Markierungen mit einem Sublimatstift oder Schneiderkreide nach. Achten Sie auf den Fadenlauf bzw. auf Muster im Stoff. Sollten Sie zwei asymmetrische Stoffteile benötigen, falten Sie den Stoff rechts auf rechts. Zeichnen Sie die Motivumrisse auf das obere Stoffteil und fixieren Sie beide Stofflagen anschließend mit Nadeln. Dann beide Teile entlang der Linien mit einer Stoffschere ausschneiden.
Manche Vorlagen sind im Stoffbruch gezeichnet. Auch hier falten Sie den Stoff und legen die Vorlage mit der Stoffbruchlinie an der Faltung an.

NAHTZUGABE:
Die Schnittmuster in diesem Buch enthalten bereits die Nahtzugaben. Die Breite der Nahtzugabe ist bei der jeweiligen Anleitung des Nähprojekts angegeben bzw. beträgt jeweils 0,5 cm, falls nichts anderes angegeben ist.

Einfache Naht

Damit eine genähte Naht nicht wieder aufgehen kann, wird sie am Anfang und Ende mit einigen Rückstichen verriegelt. Dafür betätigen Sie die Rückwärtstaste an der Nähmaschine und nähen einige Stiche zurück, anschließend lösen Sie die Taste wieder. Nähen Sie die Naht mit der angegebenen Nahtzugabe. Stecknadeln können Sie entweder herausziehen oder Sie können auch langsam über die Nadeln nähen. Stoffklammern müssen kurz vor dem Nähfuß entfernt werden.
Möchten Sie Ecken nähen, stoppen Sie die Nähmaschine an der Ecke. Stellen Sie den Nähfuß hoch, die Nadel bleibt im Stoff. Drehen Sie das Stoffteil in die neue Richtung, senken Sie die Nähfuß und nähen Sie weiter.

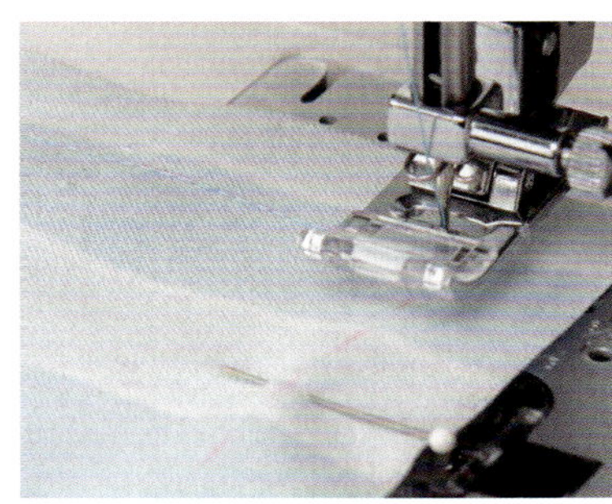

Möchten Sie engere Kurven nähen, stellen Sie die Maschine zunächst auf eine kurze Stichlänge. Stoppen Sie die Maschine vor der Kurve. Die Nadel bleibt im Stoff, den Nähfuß stellen Sie hoch. Drehen Sie das Stoffteil so, dass Sie gerade weiternähen können, senken Sie den Nähfuß und bringen Sie einige weitere Stiche an. Wiederholen Sie den Vorgang so lange, bis die Kurve fertig genäht ist.

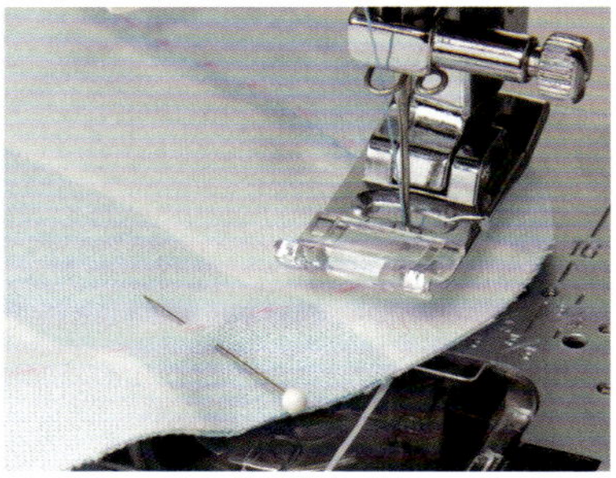

Applizieren

Legen Sie das Vliesofix über die Vorlage. Da Sie die Teile seitenverkehrt aufzeichnen müssen, sind die Vorlagen für die Applikationen in diesem Buch bereits gespiegelt. Zeichnen Sie alle Teile, die auf einen Stoff gebügelt werden sollen, dicht nebeneinander auf das Vliesofix. Achten Sie dabei jedoch darauf, dass der Fadenlauf immer in gleicher Richtung läuft. Schneiden Sie jeweils die Teile für einen Stoff zusammen grob aus und bügeln Sie das Vliesofix mit der rauen Seite auf die linke Seite des entsprechenden Stoffstücks. Beachten Sie auch die Herstellerangaben. Lassen Sie alles gut auskühlen.

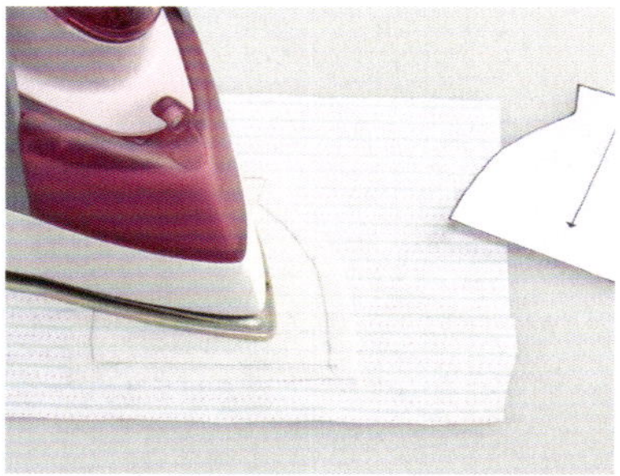

Jetzt können Sie das Motiv sorgfältig ausschneiden.

Entfernen Sie das Trägerpapier und platzieren Sie das Motiv an der gewünschten Stelle Ihres Nähprojektes. Dann von der rechten Seite aufbügeln.

Wenn sich mehrere Motivteile überlappen, achten Sie beim Aufbügeln auf die Reihenfolge. Motivteile, die räumlich im Hintergrund sind, werden zuerst aufgebügelt, anschließend die darüberliegenden Stoffteile fixieren. Alle Teile werden nun knappkantig mit einem geraden Stich oder einem Zickzackstich aufgenäht.

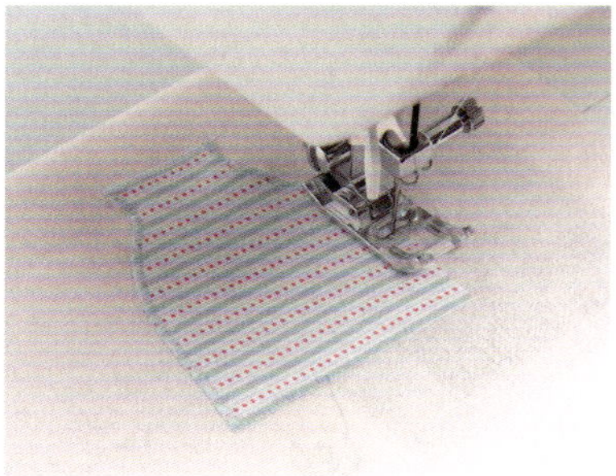

Nahtzugaben

Damit beim Wenden der Nähprojekte alle Stoffteile schön flach liegen und sich keine Wülste oder Wellen bilden, bearbeiten Sie die Nahtzugaben. Schneiden Sie alle Außenecken diagonal bis ca. 2 mm vor der Naht ab.

Nahtzugaben an Außenrundungen werden v-förmig, ebenfalls bis 2 mm vor der Naht, eingeschnitten.

Innenrundungen werden gerade eingeschnitten. Je enger die Rundung ist, desto mehr gerade Schnitte anbringen.

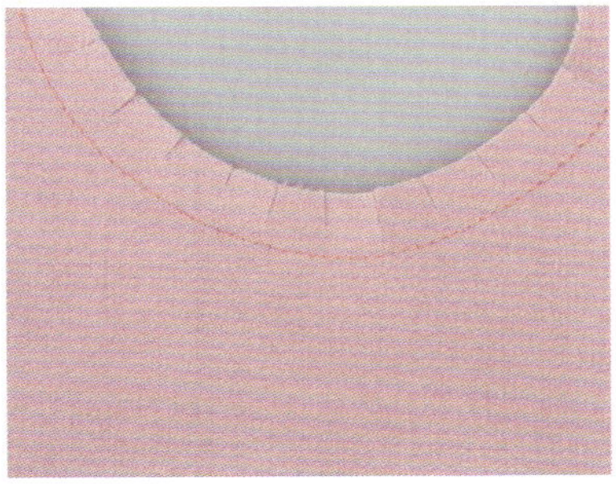

Kanten versäubern

Nach dem Zusammennähen von zwei Stoffteilen werden die Nahtzugaben mit einem Zickzackstich versäubert. So können die Stoffteile nicht mehr ausfransen.

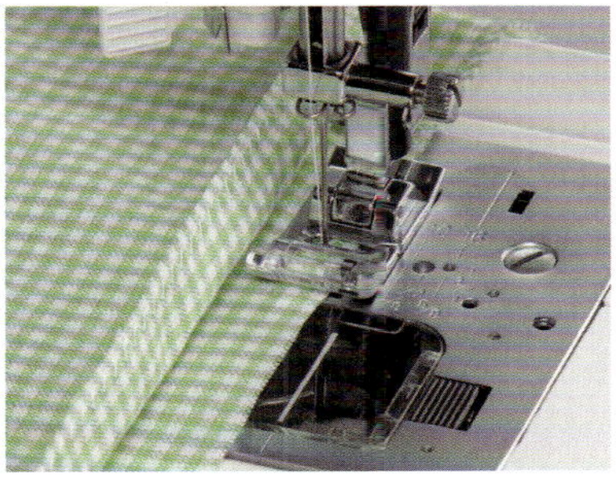

Wenden von Stoffteilen

Wenden Sie die Stoffteile durch die Wendeöffnungen, sodass die rechte Stoffseite außen liegt. Anschließend bügeln Sie die Nahtzugaben der Wendeöffnungen nach innen. Für sehr schmale Stoffteile, die gewendet werden müssen, können Sie z. B. einen dünnen Holzstab zu Hilfe nehmen. Formen Sie die Ecken und Nähte nach dem Wenden mit dem Holzstab noch ein wenig nach, dann bügeln Sie Ihr Nähprojekt von der rechten Seite.

Schließen von Wendeöffnungen

Die Nahtzugaben an den Wendeöffnungen haben Sie bereits nach dem Wenden nach innen gebügelt. Jetzt können Sie die Wendeöffnung mit Nadel und Faden schließen. Hier eignet sich der Matratzen- oder Leiterstich. Verknoten Sie das Fadenende und stechen Sie die Nadel kurz vor der Nähmaschinennaht von der linken Stoffseite ein. Ziehen Sie den Faden komplett durch, das Fadenende mit dem Knoten verbleibt im Inneren des Nähprojektes. Arbeiten Sie nun zur gegenüberliegenden Seite. Setzen Sie abwechselnd von den Seiten knappkantige Heftstiche in die Bügelkanten der Wendeöffnung und nähen Sie bis zum Ende weiter. Dann ziehen Sie den Faden vorsichtig straff und vernähen ihn.

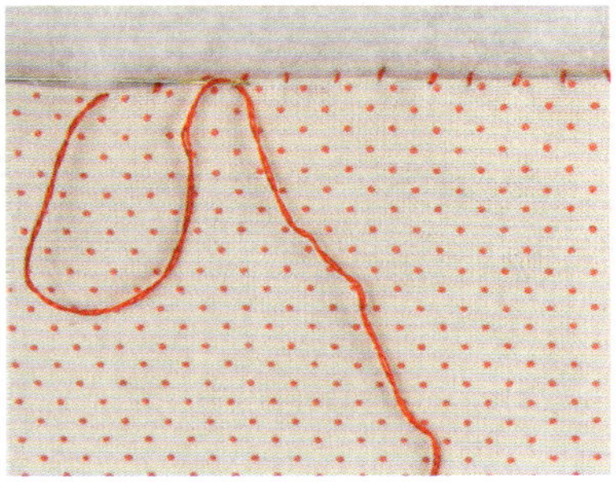

Buchempfehlungen für Sie

Noch mehr kreative Bücher zum gleichen Thema gesucht?

ISBN 978-3-7724-8105-5

ISBN 978-3-7724-8064-5

ISBN 978-3-7724-4809-6

ISBN 978-3-7724-4323-7

ISBN 978-3-7724-7262-6

ISBN 978-3-7724-7151-3

ISBN 978-3-7724-7152-0

ISBN 978-3-7724-8175-8

ISBN 978-3-7724-6835-3

Noch mehr Kreativ-Bücher finden Sie auf www.TOPP-kreativ.de

Suchen Sie weitere Titel zum Thema Nähen?

ISBN 978-3-7724-8145-1

ISBN 978-3-7724-8154-3

ISBN 978-3-7724-8155-0

ISBN 978-3-7724-8125-3

ISBN 978-3-7724-8168-0

ISBN 978-3-7724-8166-6

ISBN 978-3-7724-8167-3

ISBN 978-3-7724-8176-5

ISBN 978-3-7724-4808-9

Immer informiert, immer inspiriert – die ganze Welt von TOPP auch im Netz

Webseite

Die neuesten Trends, die schönsten Kreativbücher und die aktuellsten Informationen auf unserer Webseite
Schauen Sie mal vorbei und stöbern Sie in unserem riesigen Angebot von mehr als 1000 Kreativbüchern, Sets und mehr:

www.TOPP-kreativ.de

Newsletter

Bunt, überraschend und immer aktuell – immer auf dem Laufenden mit unserem Newsletter
Noch heute anmelden und regelmäßig Informationen, Tipps und Neuheiten erhalten:

www.TOPP-kreativ.de/Newsletter

Facebook

Werden Sie Teil unserer Communitys Mitstrickzentrale fürs Handarbeiten und Bastelzentrale für die Themen Basteln, Bauen, Dekorieren & DIY.
Sie finden uns unter:

www.facebook.com/Mitstrickzentrale
www.facebook.com/Bastelzentrale

Digitale Bibliothek

Tutorial-Videos, Plotter-Dateien, Vorlagen zum Ausdrucken, Übungsblätter etc.
Zu vielen TOPP-Büchern gibt es digitale Extras. Schauen Sie im Impressum nach (die letzte Seite des Buches): Wenn dort ein Freischaltcode abgedruckt ist, dann besuchen Sie die Digitale Bibliothek auf unserer Webseite, registrieren Sie sich einmalig und schalten Sie Ihre Zusatzmaterialien frei:

www.TOPP-kreativ.de/DigiBib

Instagram

Live dabei mit ständig aktuellen News aus dem frechverlag
Wollen Sie wissen, was bei uns gerade passiert und woran wir arbeiten? Dann folgen Sie uns auf Instagram. Möchten Sie uns an Ihren Kreativprojekten teilhaben lassen?Dann posten Sie doch gleich ein Foto mit dem Hashtag **#frechverlag** und wir stellen Ihr Werk gerne der Community vor:

www.Instagram.com/frechverlag

Pinterest

Neue Bücher, neue Ideen und die Menschen, die sie machen
Sie sind auf der Jagd nach den neuesten Ideen und aktuellen Trends im DIY-Bereich? All das gibt es auf den Pinnwänden des frechverlags unter:

www.Pinterest.com/frechverlag

Youtube

Ein Video sagt oft mehr als tausend Worte
Sie möchten neue Techniken ausprobieren, Autoren kennenlernen oder einmal hinter die Kulissen unserer Buchproduktionen schauen? Dann abonnieren Sie den Kanal des frechverlags unter:

www.YouTube.com/frechverlag

Wer wir sind, wie wir arbeiten, was wir lieben ...

Folgen Sie uns auf Instagram, Facebook und Pinterest, um mehr über uns und unsere Arbeit zu erfahren und immer mit den neuesten Informationen versorgt zu sein.

Alle News, alle Infos und alle Links finden Sie auf www.TOPP-kreativ.de

Gudrun Schmitt wurde 1963 in Fulda geboren und hat erwachsene Kinder. Sie hat schon immer gerne genäht und gebastelt; das Vorbild waren die Eltern, die bis heute mit viel Freude und Fantasie kreative Dinge herstellen. Nach dem Schulabschluss erlernte sie den eigentlich unkreativen Beruf der Bankkauffrau. Nach der Geburt des ersten Sohnes flammte aber die Leidenschaft zum Basteln wieder auf. In den folgenden Jahren leitete sie Kinderkreativkurse und Seidenmalkurse in verschiedenen Familienbildungsstätten.
1998 erschien in Zusammenarbeit mit ihrer Schwester das erste Kreativbuch im frechverlag. Seither sind noch unzählige weitere Kreativratgeber zu verschiedensten Themen hinzugekommen.

DER FREISCHALTCODE FÜR DIE PLOTTERMOTIVE LAUTET: 17580

Wir danken den folgenden Firmen für ihre Unterstützung:
Butinette Textil-Versandhaus GmbH, Wertingen, www.butinette.de
Snaply GmbH, Au in der Hallertau, www.snaply.de
Stoffe.de, fabfab GmbH, Schenefeld, www.stoffe.de

HILFESTELLUNG ZU ALLEN FRAGEN, DIE MATERIALIEN UND KREATIVBÜCHER BETREFFEN: FRAU ERIKA NOLL BERÄT SIE. RUFEN SIE AN: 05052/91 18 58*
*normale Telefongebühren

FOTOS: frechverlag GmbH, 70499 Stuttgart; lichtpunkt, Michael Ruder, Stuttgart; Gudrun Schmitt: alle Steps

PROJEKTMANAGEMENT: Claudia Mack

LEKTORAT: Beate Schmitz, Stegen

LAYOUT: Elke Günzel, two-up, Düsseldorf

DRUCK UND BINDUNG: Neografia, Slowakei

2. Auflage 2019

ISBN 978-3-7724-8173-4 • Best.-Nr. 8173